1977년 1월 7일
콜레주드프랑스에서
취임 연설 중인 롤랑 바르트.

© Jacques Pavlovsky/Sygma/CORBIS/Sygma via Getty Images

Leçon | Les morts de Roland Barthes

Leçon
by Roland Barthes
Copyright © Éditions du Seuil, 1978

This Korean edition was published by arrangement with Éditions du Seuil through Sibylle Books Literary Agency, Seoul.

Les morts de Roland Barthes
by Jacques Derrida
Copyright © Jacques Derrida Estate, 1981

This Korean edition was published by arrangement with Jacques Derrida Estate through Sibylle Books Literary Agency, Seoul.

Korean translation copyright © Moonji Publishing Co., Ltd, 2025
All rights reserved.

이 책의 한국어판 저작권은 시빌 에이전시를 통해 저작권사와 계약한 ㈜문학과지성사에 있습니다. 저작권법에 의해 보호받는 저작물이므로 무단 전재 및 복제를 금합니다.

강의 | 롤랑 바르트의 죽음들

Leçon | Les morts de Roland Barthes

롤랑 바르트 김예령 옮김 문학과지성사
자크 데리다

옮긴이 김예령

서울대학교 불어불문학과 강사. 파리7대학(현 파리 시테 대학교)에서 루이-페르디낭 셀린 연구로 박사 학위를 취득했다. 그 연장선상에서, 더 낫게는 그 너머에서 할 수 있는 일들을 한다. 옮긴 책으로 『코르푸스』 『이방인』 『사뮈엘 베케트의 말 없는 삶』 『제멜바이스 / Y 교수와의 인터뷰』 『전시』 등이 있다.

채석장
강의 | 롤랑 바르트의 죽음들

제1판 제1쇄 2025년 8월 29일

지은이 롤랑 바르트, 자크 데리다
옮긴이 김예령
펴낸이 이광호
주간 이근혜
편집 홍근철 김현주 최대연
마케팅 이가은 허황 최지애 남미리 맹정현
제작 강병석
펴낸곳 ㈜문학과지성사
등록번호 제1993-000098호
주소 04034 서울 마포구 잔다리로7길 18(서교동 377-20)
전화 02)338-7224
팩스 02)323-4180(편집) 02)338-7221(영업)
대표메일 moonji@moonji.com
저작권 문의 copyright@moonji.com
홈페이지 www.moonji.com

ISBN 978-89-320-4436-1 93160

롤랑 바르트
1915. 11. 12 ~ 1980. 3. 26

자크 데리다
1930. 7. 15 ~ 2004. 10. 9

일러두기

1 이 책의 각주는 모두 옮긴이 주이다.
2 원문에서 이탤릭체로 표기한 것은 고딕체로, 저자가 강조하기 위해 첫 글자를 대문자로 표기한 것은 볼드체로 표기했다.

차례

9 강의
      롤랑 바르트

57 롤랑 바르트의 죽음들
      자크 데리다

141 옮긴이 해제
    B/D

강의

바르트는 1977년부터 사망 직전까지 콜레주드프랑스에서 문학기호학 강좌를 담당했다. 이 텍스트는 그의 첫 개강 취임 연설(1977년 1월 7일)을 옮긴 것이다. 기라성 같은 학자들의 취임사로 채워지는 콜레주드프랑스의 개강 연설 가운데에서도 명연설문으로 꼽히는 글이다. 번역 저본으로는 그 이듬해에 출간된 *Leçon*, Paris: Seuil, 1978을 썼다.

저는 먼저 이 점부터 자문해보아야 할 듯합니다. 콜레주드프랑스Collège de France[1]는 왜 그 내면에서 각 특질이 번번이 반대항에 의해 반박된다 해도 지나치지 않을 한 불확실한 주체를 받아들이게 되었을까요. 그도 그럴 것이, 저는 대학에서 경력을 쌓았지만 통상 그 같은 경력을 갖게 해주는 공식 학위를 갖고 있지 않기 때문입니다. 오랜 세월 제 작업을 문학, 어휘론, 사회학이라는 학문 분야에 포함시키기를 바란 건 사실이나, 정작 제가 생산해낸 것은 에세이들, 즉 글쓰기와 분석이 서로 경쟁하는 모호한 장르에 불과하다는 점을 자인하지 않을 수 없습니다. 또한 제가 아주 일찍부터 제 연구를 기호론[2]의 탄

1 1530년 르네상스적 이상 아래 프랑수아 1세에 의해 창설된 인문학, 기초과학 분야의 고등교육기관. 창립 초기부터 누구나 아무 조건 없이 듣고 참여할 수 있는 열린 교육을 목표로 삼았으며, 이 전통은 오늘날까지 유지된다. (제 안에 제도적 간섭이 작용하지 않는 영역을 터놓는다는 점에서) 제도가 제시할 수 있는 최상의 고안물이라 할 이 교육기관에서는 행정적 자치가 보장되고 수업료나 학위 수여 등의 요건이 없다. 각 분야의 최고 석학들로 구성된 교수진은 절대적 자율권을 보장받으며 오로지 연구와 강의에만 매진할 수 있다. 콜레주드프랑스 교수 임명은 학자와 지식인에게 최고의 영예로 여겨진다. 신임 교수직은 학력원과 콜레주드프랑스 소속 교수의 추천에 의거, 대통령에 의해 임명되는데, 알려진 대로 바르트는 1970년부터 교수로 재직한 미셸 푸코의 천거를 받았다.

2 두 원어의 구분을 위해 여기서는 'sémiotique'를 '기호론'으로, 'sémiologie'를 '기호학'으로 옮겼다. 기호론이라는 용어는 "기호들에 관한 준필연적 혹은 형식적 학설"을 제창한 퍼스에게서 비롯되었다. '기호학' 용어는 "사회적인 삶 한복판에서 이뤄지는

생과 발전에 연결시킨 것은 맞으나, 그 못지않게 제게 그 이론을 대변할 권한이 거의 없다는 점 역시 사실입니다. 저는 기호론의 체계가 잡힌 듯 보이자 이내 그것의 정의를 다른 쪽으로 이동시키려는 마음이 들어 중심에서 이탈하려는 현대성의 이심력을 제 이론적 기반으로 삼기에 이르렀는데, 이는 기호학적 연구의 활력을 입증하는 세간의 무수한 연구지들보다는 『텔켈*Tel Quel*』[3]지에 더 가까운 태도이기 때문입니다.

따라서 명백하게도 저는 학문, 지식, 엄정성, 그리고 규율에 입각한 창안이 지배하는 기관에 맞아들여진 불순한 주체입니다. 그렇기에 조심성 때문이든, 종종 자신의 즐거움으로 이어지는 질문을 던져 지적 궁지를 벗어나곤 하는 스스로의 성향 때문이든, 저는 콜레주드프랑스가 저를 받아들이게 된 연유를 따져보는 데서 방향을 틀어—제가 보기에 그 연유는 불분명하니까요—이 장소에 들어오게 된 사실이 어째서 제게 명예보다 기쁨이 되는지 그 이유들을 말하고자 합니다. 명예는 과분할 수 있지만 기쁨은 결코 그렇지 않으니까요. 콜

  기호들의 삶"을 연구하고자 한 소쉬르의 이론에서 유래했다.
3　1960년 쇠유 출판사에서 창간하여 필리프 솔레르스, 장-에데른 알리에, 장 리카르두, 미셸 드기, 쥘리아 크리스테바 등 일군의 젊은 작가와 이론가가 주축이 된 전위적 문예지. 구조주의, 후기구조주의, 해체주의 등으로 요약되곤 하는 당대의 혁신적 사조들이 이 잡지를 경유했고, 바르트, 푸코, 블랑쇼, 데리다와 같은 유수의 저자들이 필진으로 참여했다. 1982년에 폐간되었다. 그 후신인 『랭피니*L'Infini*』는 1983년 솔레르스에 의해 개간됐다.

레주드프랑스에서 가르쳤거나 가르치는, 제가 사랑하는 저자들의 추억과 존재를 이 자리에서 다시 찾는 일은 기쁩니다. 우선, 그중에는 당연히 미슐레[4]가 있습니다. 저는 지적인 삶의 초기부터 미슐레에 힘입어 인간학에서 **역사**가 차지하는 지고한 위치를, 그리고 지식이 글쓰기에 연루되기를 받아들이는 순간부터 발휘되는 후자의 힘을 발견하게 되었습니다. 그다음으로, 우리와 좀더 가까운 자리에 장 바뤼지[5]와 폴 발레리[6]가 있습니다. 저는 청년 시절에 바로 이 강의실에서 그

[4] Jules Michelet(1798~1874). 프랑스 근대 역사학의 시조, 문인. 고등사범학교와 소르본 대학교, 콜레주드프랑스의 교수를 역임했으며 자유사상과 반교권주의, 낭만주의, 실증적 방법론을 토대로 『프랑스사 Histoire de France』(전 17권, 1833~67), 『프랑스 혁명사 Histoire de la Révolution française』(전 7권, 1847~53)와 같은 기념비적 저서들을 남겼다. 역사와 혁명의 주체로서 '민중'에 대한 사랑과 연구로도 잘 알려져 있다. 바르트는 '작가'와 '글쓰기'의 관점에서 미슐레를 조명한 『미슐레』(Seuil, 1954)를 써서 이 역사가에 대한 각별한 애정을 표했다. 1942년 요양원에서 정독이 시작됐고 박사 논문 연구 주제로 고려되기까지 한 '미슐레'는 근 10년간의 와병(결핵)으로 지식인이 밟는 전형적 엘리트 코스를 단념해야 했던 청년 바르트의 수업 시대를 표상한다.

[5] Jean Baruzi(1881~1953). 프랑스 철학자, 종교사가. 1933년부터 1951년까지 콜레주드프랑스의 교수로 재직했으며(종교사) 『십자가의 성 요한과 신비주의 체험의 문제 Saint Jean de la Croix et le problème de l'expérience mystique』(1924)를 썼다.

[6] Paul Valéry(1871~1945). 시인이자 철학자, 비평가. 20세기 초 프랑스 지성을 대표하는 일인으로, 1937년 콜레주드프랑스 교수직에 임명되었다.

들의 수업을 들었지요. 이어, 다시 좀더 가까운 곳에 모리스 메를로-퐁티[7]와 에밀 뱅베니스트[8]가 자리합니다. 그리고 현재는, 우정을 생각하면 거명하지 않아야 마땅하나 예외적으로 이 이름을 밝히는 것을 허락해주십시오, 미셸 푸코가 있습니다. 저는 애정과 지적 연대, 특히 고마움으로 그와 맺어져 있는데, 콜레주드프랑스 교수회에 기꺼이 이 강좌와 담당 교수를 추천한 이가 다름 아닌 그이기 때문입니다.[9]

오늘 또 다른 기쁨이 제게 찾아듭니다. 한층 책임이 따르기에 더욱 막중한 그것은 엄밀히 말해 '권력-바깥hors-pouvoir'이라 할 수 있을 장소에 들어오는 기쁨입니다. 제 방식대로 콜레주드프랑스를 해석해도 된다면, 저는 제도 기관들의 질서 속에서 이곳이 **역사**의 마지막 간계[10] 중 하나와도 같다고

7   Maurice Merleau-Ponty(1908~1961). 사르트르와 더불어 전후 실존주의 철학과 현상학의 두 기둥을 형성한 메를로-퐁티는 리옹 대학교와 소르본 대학교를 거쳐 1952년부터 콜레주드프랑스의 철학 교수직을 담당했다.
8   Émile Benveniste(1902~1976). 언어학자, 기호학자. 인도유럽어 비교문법 연구, 일반언어학, 언어인류학 등에서 걸출한 저작들을 남겼으며 소쉬르의 전통을 비판적으로 계승한 담론과 발화 행위 연구를 통해 기호학 발전에 결정적인 영향을 끼쳤다. 1937년 콜레주드프랑스의 교수가 되었다.
9   푸코는 스승 장 이폴리트의 콜레주드프랑스 교수직을 물려받았으며, 그가 1970년 12월 2일에 행한 개강 취임 연설은 이듬해 『담론의 질서』로 출간되었다.
10 헤겔의 용어(1818~31년 강의록 『역사 속의 이성』 참조). 간략히 말해, 정신의 세계사적 전개 과정에서 그 실현 원리는 인간의

말하겠습니다. 통상 명예는 권력의 찌꺼기입니다. 그러나 이곳에서 명예는 권력이 물러난, 권력이 손대지 않는 부분입니다. 교수는 이곳에서 오로지 연구하고 말하는 행위만을 할 뿐—이를 저는 선뜻 이렇게 표현하고 싶군요, 자신이 찾는 바를 잠꼬대한다고—판단하거나, 선택하거나, 홍보하거나, 통제된 지식에 굴종하지 않습니다. 문학 교육이 기술 관료적 요구의 압력과 학생들의 혁명적 열망 사이에서 피곤할 정도로 분열된 시기에 이는 거대한, 거의 부당한 특권이지요. 일체의 제도적 제재 바깥에서 가르치는 행위는, 아니, 그저 말하는 행위조차도, 당연히 권력 전체에서 벗어나 있지는 않을 것입니다. 아무리 권력-바깥의 장소에서 발원한다 할지라도, 우리가 행하는 모든 담론 속에는 권력(지배의 욕망 libido dominandi[11])이 숨어 있습니다. 따라서 이 같은 교육이 자유로울수록 담론이 어떤 조건 아래, 또 어떤 작동에 의해 일체의

> 의지(활동성)이며, 인간을 움직이는 힘인 이념과 정열이 세계사라는 직물의 날줄과 씨줄을 직조한다. 그런데 이 같은 세계사의 전 작업에서 이념은 현존재성이나 무상함에서 오는 부담을 스스로 지불하는 대신 개인의 열정에 진가한다. 이섯이 역사 속에 빈번히 출현하는 아이러니이자 역사이성의 간계다. 즉 '이성의 간계'는 야심과 약점을 동시에 지닌 개인들의 불합리를 이용해 진실의 합리성을 실현하고 제 목표를 향해 전진한다는 것이다.

11 아우구스티누스가 『신국론』(전 22권, 413~26)에서 분류한 세 가지 사욕 중 하나. 그 셋이란 감각적·육체적 쾌락의 욕망 libido sentiendi, 지배의 욕망, (원죄의 근원이기도 한) 지식의 욕망 libido sciendi이다.

장악 의지로부터 벗어날 수 있는지 자문하는 일이 필수라 하겠습니다. 제가 보기엔 바로 이러한 문제 제기가 오늘 시작되는 이 강의의 근본적인 기획 의도를 이룹니다.

*

이 강의에서 간접적이지만 끈질기게 문제 삼을 바는 과연 권력입니다. 현대의 '순진함'은 권력이 마치 하나인 것처럼, 해서 한편에는 그것을 가진 자들이 있고 다른 한편에는 그것을 갖지 못한 자들이 있다는 식으로 말합니다. 과거 우리는 권력이 전형적으로 정치적인 대상이라 믿었지요. 현재 우리는 권력이 이데올로기적인 대상이기도 하다, 그렇기에 우리가 그것의 기척을 즉각 알아채지 못하는 바로 그 자리에서 각종 제도와 교육 속으로 스며든다고는 생각하지만, 그럼에도 결국은 그것이 줄곧 하나라고 여깁니다. 한데 마귀들이 그렇듯 권력 또한 복수라면 어떻겠습니까? 그 경우 그것은 이렇게 말할지도 모르지요. "내 이름은 **군대**다Mon nom est Légion."[12] 하여 사방에, 도처에 거대하거나 미미한 수장들이, 기구들이,

12 「마가복음」 5장 9절 참조. 거라사인의 지방에 들른 예수가 한 귀신 들린 이의 몸속 귀신을 향해 나갈 것을 명하며 그 이름을 묻자 그것이 "내 이름은 군대니 우리가 많음이니이다"라 대답했다는 구절이 출처. 하나인 것처럼 보이나 실은 다수인 것을 이른다.

압제와 억압의 무리들이 있습니다. 사방에서 '권위 있는' 목소리들이 전적인 권력의 담론, 거만함의 담론을 말할 권리를 스스로에게 허용합니다. 그럴 때 우리는 권력이 사회적 교환의 가장 미세한 메커니즘들 안에 현전함을 감지합니다. 즉 단지 국가의 차원뿐 아니라 계급들, 무리들, 나아가 각종 유행과 여론, 공연, 놀이, 스포츠, 뉴스, 가족적이고 사적인 관계들, 심지어 권력에 이의를 제기하고자 애쓰는 해방의 움직임들 속에서마저 말입니다. 저는 그 말을 수신하는 자에게 실책을 유발하는, 따라서 그에게 죄의식을 불러일으키는 일체의 담론을 권력의 담론이라 부르겠습니다. 어떤 이들은 우리 지식인들이 매번 **권력**에 대항해 일어나기를 기대합니다. 그러나 우리의 진짜 투쟁은 다른 관건에 있습니다. 그것은 권력들에 대항하며, 따라서 싸움은 결코 쉽지 않습니다. 권력은 사회 공간 내에서는 복수적이고, 그와 대칭적으로 역사적 시간 내에서는 영속적이기 때문입니다. 여기서 쫓겨나고 쇠잔한 권력은 저기서 다시 모습을 드러냅니다. 권력은 결코 쇠퇴하지 않습니다. 권력을 파괴하기 위해 혁명을 일으켜보십시오, 그것은 이내 새로운 사태들 속에 되살아나고 발아할 것입니다. 왜 이런 내구성이요 편재성인 걸까요. 바로 권력이 비단 정치사나 역사적 이야기만이 아닌, 인간의 전 역사에 결부된 통-사회적trans-social 조직체의 기생물이기 때문입니다. 그리고 인간의 태곳적부터 권력이 스스로를 기입하는 대상은 언어

langage입니다. 보다 정확하게 말하면, 언어의 강제적 표현인 언어체langue[13]입니다.

언어가 법제라면, 언어체는 그 법제의 법규code[14]입니다. 우리는 언어체 안에 있는 권력을 보지 못하는데, 언어체 전체가 일련의 분류이며 모든 분류는 억압적이라는 사실을 잊기 때문입니다. 라틴어 오르도ordo는 분류와 위협을 동시에 뜻합니다.[15] 야콥슨이 보여주었듯, 한 공동체의 고유어idiome는 그것이 말하도록 허용하는 바보다는 말하도록 강제하는 바에 의해 정의됩니다. 우리 프랑스어를 보면(좀 조악한 예들이긴 합니다) 나는 먼저 나 자신을 주어로 제시한 후, 이어 행위를 발화하도록 강제됩니다. 그때부터 이 행위는 나 자신의 서술어가 될 수밖에 없습니다. 다시 말해, 내가 행하는 바는 내가 있다는 사실의 귀결이자 연속일 따름인 것이지요. 마찬가지로 나는 늘 남성과 여성 중에서 선택해야 하며, 중성이나 복

13 (언어능력의 개인적 수행이자 말로 발음해 실현하는 행위인 '파롤'에 대해) 각 개인에게 새겨져야 하는 사회 관습적 체계 혹은 규약으로서 언어('랑그'). 여기서는 단어 'langue'가 일반적으로 쓰이는 의미일 경우 '언어' '-어' '말' 등으로, 특별히 소쉬르적인 맥락을 강조할 필요가 있을 때에는 '언어체'로 옮겼다.
14 코드, 약호. 이 구절에서는 맥락에 맞게 법규로 옮겼다.
15 라틴어 'ordo'는 'ordre'의 어원이다. 질서(의 부여), 배치, 순서, 명령의 뜻을 가지니 당연히 일종의 협박이 될 수밖에 없다. 가톨릭 용어로는 상급 성직자가 하급 성직자에게 가하는 위협, 즉 신벌 선언commination을 의미하기도 한다.

합성의 선택은 금지됩니다. 역시 같은 식으로, 나는 나와 타자의 관계를 너나 당신이라는 수단을 이용해 표시해야 합니다. 정의情意적이거나 사회적인 차원의 미결정은 내게 허용되지 않습니다. 이렇듯 그 구조 자체에 의해 언어체는 숙명적 소외 관계를 내포합니다. 말하는 것은, 나아가 담론을 발화하는 것은, 우리가 지나치게 자주 되풀이해 말하듯 의사를 전달하는 행위가 아닙니다. 그것은 예속시키는 행위입니다. 따라서 언어체는 그 전체가 제사rection[16]의 일반화와 다름없습니다.

르낭[17]의 말을 인용해보겠습니다. 그는 한 강연에서 이렇게 말했지요. "여러분, 프랑스어는 결코 부조리의 언어가 될 수 없을 것입니다. 반동적 언어 또한 절대 되지 않을 것입니다. 저는 프랑스어를 도구로 갖는 심각한 반동을 상상할 수 없습니다." 자, 르낭에게는 그 나름대로 통찰력이 있었습니다. 언어체는 그것이 생성하는 전언message으로 소진되지 않

16 특정한 문법 범주가 뒤따르도록 규제하는 형태소(의미의 최소 단위)의 특성. 가령 타동사는 반드시 뒤에 직접목적보어가 오도록 지배régir한다는 예가 그에 해당한다.

17 Joseph-Ernest Renan(1823~1892). 프랑스 실증주의 정신을 대표하는 철학자, 역사학자, 종교학자. 『기독교 기원사*Histoire de l'origine du christianisme*』(전 7권, 1863~81), 그중에서도 예수 일대기 연구에서 초자연적 요소를 배제해 가톨릭계의 논란을 초래한 1권 『예수의 생애*Vie de Jésus*』(1863)가 널리 알려져 있다. 이 논란으로 한때 콜레주드프랑스의 히브리어 교수직에서 파면되기도 했다.

는다는 사실, 언어체는 전언보다 오래 살아남으면서 그 내부에 전언이 말하는 바 이외의 어떤 것이—주체의 의식적이고 이성적인 목소리에 구조의 지배적이고 완고하며 가차 없는 목소리, 다시 말해 '말하는 종種'의 목소리를 덧새기는 무언가가—때로 무시무시한 울림으로 들려오게 할 수 있다는 사실을 짐작하고 있었으니까요. 따라서 그는 역사적 측면에서 오류를 범했지, 구조적 차원에서 오판한 건 아닙니다. 르낭은 프랑스어가 이성에 의해 형성된 만큼(그는 그렇게 생각했지요) 필연적으로 정치적 이성을 표현하도록 한다고 믿었고, 그의 사유 속에서 정치적 이성이란 민주주의 외의 것이 될 수 없었습니다. 한데 무릇 언어 수행으로서 언어체는 반동적인 것도, 진보적인 것도 아닙니다. 그것은 다만 파시스트적일 뿐입니다. 알다시피 파시즘이란 말하지 못하도록 억압하는 것이 아니라 말하도록 강제하는 것이기 때문입니다.

언어체는 발화되자마자 권력에 복무하기 시작합니다. 비록 그 발화가 주체의 가장 깊은 내면에서 이루어진다 할지라도 그렇습니다. 언어체 안에서는 예외 없이 두 가지 항목이 모습을 드러내는데, 단언의 권위와 반복의 부화뇌동grégarité[18]이 그것입니다. 한편으로 언어체는 즉각적인 단언의 성질을 띱니다. 부정, 의심, 가능성, 판단 유보 등은 저마다 특정 조작

18　　군거grégaire하려는 속성. 다시 말해 군집하고 집단을 이루며, 그러기 위해 집단의 생리에 따르려는 특성.

을 요구하는데, 이 조작들은 그 자체로 언어적 가면의 유희에 재차 포획돼 있습니다. 요컨대 언어학자들이 양태[19]라고 부르는 것은 언어체의 보충supplément[20]에 지나지 않으며 나는 그 보충에 기대어, 마치 탄원하듯, 확언이라는 언어체의 가차 없는 권능을 누그러뜨리려 한다는 것이지요. 다른 한편으로, 언어체를 구성하는 기호들은 오로지 그것들이 식별되는 한에서만, 다시 말해 반복되는 한에서만 존재합니다. 기호는 맹종하고 부화뇌동하는 것입니다. 각각의 기호 속에는 상투어 stéréotype라는 괴물이 자고 있지요. 따라서 나는 언어체 속에 널린 뻔한 것을 주워 모으지 않고서는 결코 말할 수 없습니다. 이상의 두 항목은 내가 발화할 때 내 안에서 한데 결합하는바, 나는 주인인 동시에 노예입니다. 나는 이미 말해진 것을 반복하고 기호들의 비굴한 모방 속에 안락하게 머무는 데 만족하지 않습니다. 나는 내가 반복하는 그것을 말하고, 단언하고, 강요합니다.

그러므로 언어체 속에서 노예근성과 권력은 불가피하게 섞입니다. 만약 우리가 자유라는 말로 권력으로부터 스스로를 지키는 힘만이 아니라 특히 그 누구도 굴복시키지 않는 힘

19   확신, 의혹, 유보, 부정, 가능성, 강조 등 발화 내용과 현실의 관계에 대한 화자의 주관적 태도를 나타내는 범주.
20   이어지는 데리다의 글에서는 그 논리에 따라 '대리보충'으로 번역했으나, 이 맥락에서는 '언어체라는 본체에 부수되는 사항' 정도의 일반적인 의미로 옮겼다.

까지 아울러 일컫는다면, 아마도 자유는 언어 바깥에만 존재할 수 있을 것입니다. 그러나 불행히도 인간의 언어에는 외부가 없습니다. 그것은 일종의 비공개 법정huis clos입니다. 우리는 다음과 같이 불가능이라는 대가를 치러야 거기서 나갈 수 있겠지요. 예를 들어, 키르케고르가 아브라함의 희생을 일체의 말, 심지어 내면의 말조차 비워진 채 언어의 일반성과 부화뇌동성, 도덕관념에 맞서 행해진 '미문未聞'의 행위라 정의하면서 기술한 것처럼, 신비주의적 단독성에 의해서나 말입니다.[21] 아니면 언어체의 노예근성, 혹은 들뢰즈의 표현을 따르면 언어체의 반동적 장막에 환희의 충격처럼 가해지는 니체의 아멘[22]에 의해서라든가요. 그러나 신앙의 기사도 초인도

21 키르케고르는 『두려움과 떨림: 변증법적 서정시 Frygt og Bæven: Dialektisk Lyrik』(1843, 이 제목에 관해서는 「빌립보서」 2장 12절 중 "항상 복종하여 두렵고 떨림으로 너희 구원을 이루라" 참조)에서 이삭을 희생 제물로 바쳐야 하는 아브라함의 침묵, 곧 절대로 말해질 수 없어 언어를 넘어서는 그의 신앙의 비밀에 대해 성찰한다. (아마도 자기 자신마저 포함해) 그 누구에게도 말할 수 없음. 믿음이 초래하는 실존의 곤혹이 그 같은 침묵의 본질이다. 신 앞에 선 단독자의 절대적 의무를 짊어진 아브라함은 언어 없이, 믿음의 비밀 속에 모든 것을 단념함으로써 모든 것을 획득하는 역설을 이룬다. 윤리적 의무를 무한히 체념하고 신과의 절대적 관계 속으로 홀로 들어감으로써, 체념의 무한 운동을 통해 획득한 이 믿음의 경지야말로 키르케고르에 의하면 진정한 "신앙의 기사"의 그것이다.
22 히브리어 '아멘'은 '그렇게 되기를' 또는 '물론 그렇다'의 의미를 지닌다. '그렇다'라고 말하는 자, 고통을 포함한 생의 모든

아닌 우리에게는, 이렇게 말할 수 있다면, 언어체로 속이는 방법, 언어체를 속이는 방법만이 남아 있을 뿐입니다. 언어의 영구 혁명이 발하는 광휘 속에서 권력-바깥의 말을 들을 수 있게 하는 이 이로운 속임수, 말하자면 슬쩍 따돌리는 동작, 그 멋진 술책을 저는 제 방식대로 **문학**이라 부릅니다.

※

저는 **문학**이라는 말로 하나의 신체나 일련의 작품들, 또는 상업이나 교육의 한 분과를 가리키려는 게 아닙니다. 그 말을 저는 하나의 실천, 즉 글쓰기라는 실천의 궤적들이 그리는 복합적인 도표graphe[23]의 의미로 이해합니다. 따라서 제가 문학에

> 가능성을 끌어안는 니체-디오니소스의 '비극적 긍정'(들뢰즈), 혹은 가장 높은 긍정에 관해서는 가령 『차라투스트라는 이렇게 말했다』(1883~85) 3부의 「해 뜨기 전에」, 특히 마지막 텍스트 「일곱 개의 봉인: 또는 '그렇다'와 '아멘'의 노래」를 참조할 것(『차라투스트라는 이렇게 말했다』의 초판은 지금처럼 4부가 아니라 3부 구성이었으며, 이 노래가 책의 대미에 해당했다). 자기동일성에의 집착을 버리고 '동터오는 하늘,' 그 진적인 '너'를 향해 스스로를 비우고 증여하여 바야흐로 눈앞에 도래하는 바를 받아들이려는 '그렇다'의 탄성이 니체가 발성하는 기도와 찬양, 축복의 '아멘'이라 할 수 있다. 한 사회에서 주체와 타자의 의사소통 수단이 언어라면, 그런 의미에서 '아멘'은 언어의 범주를 벗어난다. 니체의 긍정 '아멘'은 '아니다'에 근거한 부정신학의 접근 방식 'apophatikós'와 정반대를 이룬다(주41 참조).

23 사전적 의미 그대로 옮겼으나 바르트가 이따금 언급하는 서예나

서 겨냥하는 바는 본질적으로 텍스트, 다시 말해 작품을 구성하는 기표들의 직조입니다. 언어체의 노출affleurement, 그것이 다름 아닌 텍스트이니까요. 또 언어체가 공격을 받고 정해진 선에서 이탈하는 일은 어디까지나 그 언어체 내부에서 일어나야 하니까요. 그러니까 언어체를 스스로의 전달 수단으로 삼는 전언을 통해서가 아니라, 언어체를 무대 삼아 벌어지는 말들의 유희를 통해서 말입니다. 그러므로 문학, 글쓰기, 텍스트라는 말은 구별 없이 사용할 수 있을 것입니다. 문학 내에 존재하는 자유의 힘들은 작가의 시민적 자아나 정치 참여 여하에 달려 있지 않습니다, 어쨌거나 작가란 여느 이들과 다를 바 없는 평범한 사람에 불과하니까요. 나아가 작가의 작품에 담긴 교조적 내용에 좌우되지도 않습니다. 그 힘들은 작가가 언어체에 행사하는 이동의 작업에 의존합니다. 이러한 관점에서 위고만큼 셀린도, 졸라만큼 샤토브리앙도 중요하며, 여기서 제가 염두에 두는 바는 형태의 책임이라는 문제입니다. 다만 이 책임은 이데올로기적인 용어들로는 평가될 수 없습니다. 이데올로기를 다루는 학문들이 그것에 대해 늘 별반 영

> 그래픽 예술가 에르테, 마송 등의 글자 그림에서와 같이 선의 움직임이(더욱이 몸과 더불어) 그려내는 형상 궤적을 이른다고 보는 편이 적절하다. 같은 각도에서 바르트에게 쓰기나 필적은 표면에 새겨 넣는 기입(펜)보다 관능적인 표면의 터치(붓이, 나아가 붓과 그것을 쥔 손이 함께 만들어내는 안무)와 가깝다고 말할 수도 있겠다.

향력을 행사할 수 없었던 이유가 거기에 있지요. 문학의 그 같은 힘을 저는 세 가지로 나누어 지적해보고자 합니다. 각기 마테시스Mathésis, 미메시스Mimésis, 세미오시스Sémiosis[24]라는 고대 그리스의 세 가지 개념에 따라 분류해보죠.

문학은 많은 양의 지식을 다룹니다. 『로빈슨 크루소』와 같은 소설에는 역사적, 지리적, 사회적(식민지적), 기술적, 식물학적, 인류학적 지식이 들어 있지요(로빈슨은 자연에서 문화로 이행합니다). 만약 뭔지 모를 과도한 사회주의나 야만에 의해 교육에서 우리의 학문이 단 하나만 남긴 채 전부 추방되어야 한다면, 그때 구제되어야 할 것은 단연코 문학입니다. 문학이라는 기념비 속에는 모든 종류의 학문이 현전하고 있으니까요. 이런 점에서 우리는 문학이, 어떤 유파들의 이름으로 천명되든 간에 절대적으로, 또 단호하게 현실주의적이라 말할 수 있습니다. 그것은 현실이기 때문입니다. 다시 말해 실재의 섬광 자체이기 때문입니다. 그런 점에서 진정 백과전서적인 문학은 지식들을 회전시키고,[25] 그것들을 어디에도 고정하지 않으며, 그중 어떤 것도 물신화하지 않습니다. 문학은 지식들에 간접적인 자리를 부여합니다. 그리고 그 같은 간접성은 소중하지요. 한편으로, 간접성은 가능한 지식들—예

---

24 차례로 '지식' '모방'(재현), '지시'의 의미를 가진다.
25 르네상스 시대에 만들어진 라틴어 'encyclopaedia'의 의미는 고대 그리스어 'énkúklios'(순환)와 'paideía'(교육)에 뿌리를 둔다.

상 밖의 지식들, 미완의 지식들—을 가리켜 보일 수 있게 합니다. 문학은 학문의 틈새들에서 작업합니다. 그것은 언제나 학문보다 뒤처지거나 앞서 있습니다. 낮 동안 축적해놓은 빛을 밤에 발산하면서 그 간접적인 미광으로 다가오는 새날을 밝히는 저 볼로냐의 돌[26]과도 같달까요. 학문은 대략적이고, 삶은 미묘하며, 바로 이 같은 간극을 교정하기 위해 우리에게 문학이 중요합니다. 다른 한편으로, 문학이 동원하는 지식은 결코 전적이지도, 최종적이지도 않습니다. 문학은 무언가를 안다고 말하지 않습니다. 자신이 무언가에 대해 안다고 말합니다. 보다 적절히 표현하자면, 문학은 스스로 경험치가 있다고, 인간들에 대해 자세히 안다고 말합니다. 문학이 인간들에 대해 아는 바, 우리는 그것을 인간들이 가공하고 인간들을 가공하는 언어의 거대한 반죽이라 일컬을 수 있을 듯합니다. 문학이 사회방언sociolecte[27]의 다양성을 재생산하든, 아니면 그 다양성에서 분열을 감지하는 가운데 언어의 영도라 할 모종의 언어-한계를 상상하고 조탁하고자 하든 상관없이 말이지요. 문학은 단순히 언어를 사용하는 대신 그것을 무대화하며, 그렇기 때문에 지식을 무한한 반사성의 톱니바퀴 속으로 끌

---

26 낮에 빛을 쬔 중정석의 성분(황산바륨)이 밤에 발광한다는 사실이 16세기 말 볼로냐에서 우연히 발견되었다. 이 돌은 '볼로냐의 돌'이라 불리며 당대인들의 큰 관심을 끌었다.

27 한 언어에서 지역적 차이가 아니라 그 언어를 사용하는 각종 사회집단에 의해 차별화되는 다양한 언어 형태들 또는 그 어휘 항목들.

어넣습니다. 더는 인식론적이지 않은, 그러나 연극적인 담론에 의거해 글쓰기를 관통하면서 지식은 끊임없이 지식에 대해 성찰합니다.

오늘날에는 각종 학문과 문학의 대립에 이의를 제기하는 것이 온당하게 여겨집니다. 그 모델이나 방법론에 있어 점점 더 많은 관련성이 두 영역을 잇고 또 종종 그 구분을 지운다는 한에서 그렇지요. 언젠가는 그 같은 대립이 역사적인 신화처럼 보일 수도 있겠습니다. 하지만 지금 우리의 관건인 언어라는 관점에서 보면 이 대립은 타당성을 지닙니다. 더구나 그것이 꼭 실재와 환상, 객관성과 주관성, **진**과 **미**를 비교하는 건 아닙니다. 그저 발화되는 말parole의 상이한 장소들을 견줄 따름이지요. 가령 학문의 담론에 의하면—혹은 어떤 학문의 담론에 의하면—지식은 하나의 언표énoncé에 해당됩니다. 반면 글쓰기에서 지식은 언표 행위énonciation입니다. 언어학의 통상적 대상인 언표는 발화자 부재의 산물처럼 주어집니다. 반면 언표 행위는 주체의 자리와 에너지, 나아가 그의 결여(그러나 결여는 주체의 부재가 아닙니다)를 드러내면서 언어의 실재 자체를 조준합니다. 언술 행위는 언어가 각종 함축, 효과, 반향, 순회, 회귀, 돌출 들로 이뤄진 거대한 후광임을 인정합니다. 그것은 끈질기게 고집하는 동시에 결코 그 정확한 위치를 안표할 수 없는, 또 알지 못함에도 모종의 불안한 친숙성에 의해 알아보게 되는 어느 주체의 목소리가 들리게끔 하는 임무를 맡습니다. 이렇게 해서 말들은 착각에 의해 단순한 도구로 쓰이는 대신 발사처럼, 폭발처럼, 진동처럼, 무대의 기계장치처럼, 여러 가지 맛처럼 쏘아 올려집니다. 글쓰기는 지식을 축제로 만듭니다.

이 자리에서 제가 제시하는 패러다임은 기능의 분할을 따르지 않습니다. 그 목적은 한편에 학자들과 연구자들을, 다른 한편에 작가들과 에세이스트들을 놓는 데 있지 않습니다. 반대로 이 패러다임은 말들이 맛을 지니는 어디에나 글쓰기가 존재한다는 점을 시사합니다(지식*savoir*과 맛*saveur*은 라틴어 어원이 같지요). 퀴르농스키[28]가 종종 말한 바에 따르면, 요리에서는 "내용물들이 본연의 맛을 지녀"야 합니다. 지식의 영역에서 내용물들이 그 자체의 맛, 본연의 맛을 내려면 말들의 소금이라는 요소가 필요하지요. 깊고 풍부한 지식을 만드는 건 바로 그 같은 말들의 풍미입니다. 가령 저는 미슐레가 내놓은 주장 중 많은 것이 역사학의 인정을 받지 못함을 압니다. 그렇더라도, 미슐레가 프랑스의 민족학과 같은 것을 창시했다는 점, 한 역사가가 그 대상이 무엇이든 이 용어의 가장 너른 의미에서 역사적 지식을 이동시키는 매 순간 우리가 그에게서 발견하는 것은 그저 글쓰기일 따름이라는 사실에는

---

28   Curnonsky(1872~1956). 본명은 모리스 에드몽 사양Maurice Edmond Sailland. '미식의 왕자'라 불릴 정도로 유명했던 20세기 프랑스 음식 평론가.

변함이 없습니다.

　　문학의 두번째 힘은 재현의 힘입니다. 고대부터 현대 아방가르드의 시도들에 이르기까지, 문학은 무언가를 재현하느라 분주하지요. 그 무언가가 뭘까요? 저는 대뜸 실재,라고 말하겠습니다. 실재는 재현이 불가능합니다. 그러나 인간들이 끊임없이 단어들을 통해 그것을 재현하고자 하기에 문학의 역사가 존재합니다. 실재가 재현 불가능하며 다만 입증 가능할 뿐이라는 사실은 여러 방식으로 말할 수 있습니다. 예컨대 라캉을 따라 그것을 **불가능**이라고, 즉 결코 도달할 수 없으며 담론을 벗어나는 어떤 것이라고 정의할 수도 있겠지요. 또는 위상학적 용어를 사용해 다차원적 질서(즉 실재)와 일차원적 질서(즉 언어)를 일치시킬 수 없다는 사실을 확인할 수도 있겠습니다. 그런데, 다름 아닌 이 위상학적 불가능성 앞에서 문학은 결코 항복하려 들지 않습니다. 실재와 언어 사이에 아무런 상응 관계가 없다는 그 사실을 인간들은 감수하려 하지 않으며, 아마도 언어 자체만큼이나 오래되었을 이 같은 거부가 끊이지 않는 분망 속에 문학을 생산합니다. 우리는 문학의 역사를, 아니, 보다 적절히 말해 말로 꾸린 온갖 **궁여지책**의 역사와 마찬가지일 언어 생산들의 역사를 상상해볼 수도 있겠습니다. 이들 궁여지책은 종종 매우 미치광이 같지요. 그리고 인간들은 이를 이용해 언제나 착란일 수밖에 없는 어떤 것, 다시 말해 언어와 실재 간의 근본적인 부적합성을 축소하거나, 길들이거나, 부정하거나, 반대로 받아들이려 했습니다. 지식과 관련해 방금 저는 문학이 오로지 실재만을 욕망의 대상으로 가지는 한에서 단연코 현실주의적이라고 말한 바 있습니다. 반면 이번에는, 가장 익숙한 의미로 이 표현을 사용하는 만큼 앞말과 위배되는 바 없이, 문학이 또한 똑같이 집요하게 비현실주의적이라고 말하겠습니다. 문학은 불가능의 욕망을 사리에 맞다고 믿으니까요.

아마도 배덕하며pervers 따라서 다행스러운 이 기능에는 이름이 하나 있습니다. 유토피아적 기능이 바로 그것입니다. 우리는 이 대목에서 **역사**를 다시 발견합니다. 적어도 우리 프랑스인들의 경우에 문학은 19세기 후반, 가장 침통한 자본주의적 불행의 시기에 말라르메와 더불어 현대성이라는 저 자신의 정확한 형상을 찾았으니까요. 우리의 현대성은 그렇게 시작됩니다. 그리고 이 현대성은 이제 새로운 사실에 의해 정의될 수 있는바, 바로 문학 안에서 언어의 **유토피아**들을 착상한다는 점이 그것입니다. 어떤 문학사가 됐건(아직도 그런 것이 쓰여야 한다면요) 새로운 예언주의, 다시 말해 글쓰기의 예언주의를 적나라하게 드러내는 단절을 표시하지 않고서 각 유파를 나열하는 일에나 만족한다면, 그건 결코 정당한 문학사라 할 수 없을 것입니다. "언어를 바꾸기"라는 말라르메의 말과 "세계를 바꾸기"라는 마르크스의 말은 병존합니다. 이는 말라르메를 따랐거나 따르는 이들 사이에 말라르메의

정치적 청취가 존재한다는 뜻이지요.[29]

그로부터, 반박되기에 도리어 분명히 표명되어야 하는 일종의 문학 언어의 윤리가 뒤따릅니다. 작가와 지식인은 종종 '누구나 쓰는' 언어로 글을 쓰지 않는다는 비난을 듣습니다. 그러나 동일한 고유어 내에서, 우리에게는 프랑스어이겠지요, 사람들이 다수의 언어를 갖는 건 좋은 일입니다. 어원에 입각해서 말하자면 '반-권력주의자an-archiste'[30]인 사람치고 엉뚱한 가정입니다만, 만약 제가 입법자라면 부르주아 계급의 언어로든 민중의 언어로든 프랑스어의 통일을 강제하기는커녕, 오히려 다양한 기능을 지닌 채로 평등하게 승격된 여러 프랑스어의 동시 습득을 장려할 겁니다. 단테는 『향연Convivio』[31]을 어떤 언어로 쓸지 결정하기 위해 매우 진지한

29 "세계를 바꾸기(변화시키기)"에 관련된 마르크스의 유명한 문구는 「포이어바흐에 관한 테제」마지막(11번) 구절에 들어 있는 데 비해, "언어를 바꾸기"라는 '말라르메의 말'은 시인의 시학을 한마디로 압축한 표현에 가깝다. 말라르메는 흔히 '관념'의 시인, 극도의 언어 탐구를 전개한 형식주의자로 이해되어왔다. 그러나 1960~70년대 들어『텔켈』지의 전위적 지식인들은 산문집 『여담Divagations』(1897)의 사유를 걷기 삼아 말라르메의 정치적 독법을 최초로 시도했다. 바르트도 이 중 한 사람이다.

30 통상 '무정부주의자'를 가리키지만, 이 대목에서 바르트는 어원에 기대어 '권력 없음' '명령하지 않음,' 간단히 말해 권력pouvoir에 대비되는 '반-권력contre-pouvoir'을 강조하고 있다. 고대 그리스어 'arkhê'는 '장將' '우두머리'를 뜻한다.

31 단테가 1304~1307년경에 쓴 미완성의 이론서. 총 4권으로, 14세기 유럽의 교양과 사상 세계를 다룬 백과전서의 성격을 띤다. 제1권은

검토를 거치지요. 라틴어로 쓸 것인가, 아니면 토스카나어로 쓸 것인가? 그는 결코 정치적이거나 논쟁적인 이유에서 속어를 선택하지 않았습니다. 그건 그가 자신의 주제에 어떤 언어가 적합할지를 고려한 결과였지요. 이렇듯 우리에게 고전 프랑스어와 현대 프랑스어, 또는 문어체 프랑스어와 구어체 프랑스어 같은 두 언어는 단테가 자기 욕망의 진실에 따라 자유롭게 그 안에서 자원을 길어 올릴 저장고를 이룹니다. 그리고 이 같은 자유는 모든 사회가 시민들에게 제공해야 할 호사입니다. 존재하는 욕망들의 수만큼 많은 언어들을. 이는 여태까지 어떤 사회도 다수의 욕망이 존재한다는 사실을 받아들일 준비가 되지 않았다는 점에서 유토피아적인 제안입니다. 한 언어가, 그것이 무엇이 됐든 다른 언어를 억압하지 않고, 장차 도래할 주체가 아무런 자책감이나 억압 없이 언어의 두 심급을 마음대로 즐길 줄 알며 **법**이 아니라 배덕에 의해 이 언어 또는 저 언어를 말할 수 있기를 바랍니다.

당연하게도 유토피아는 권력으로부터 보호해주지 않습니다. 언어체의 유토피아는 유토피아의 언어체로 회수되며, 그럴 때 그것은 여타와 다를 바 없는 한 장르일 뿐이지요. 사후에 비로소 공식 문화로 편입되든, 생시에 자신에게 특정 이

> 서론, 나머지 세 권은 이전에 지은 칸초네를 소개하고 그 의미를 우의적으로 해석하거나 다양한 주제로 설명과 성찰을 발전시키는 시, 산문 혼용 구성으로 되어 있다.

미지를 부과하며 세간의 기대에 부합하라 명령하는 모종의 유행을 따르든, 언어체의 권력에 대항하는 상당히 고독한 싸움에서 출발한 작가들 가운데 권력에 의해 회수되는 현상을 피했거나 피할 수 있는 이는 전무하다 하겠습니다. 저자에게는 스스로의 자리를 이동시키는 일—또는 고집을 꺾지 않는 일—, 또는 그 둘 모두를 동시에 행하는 일 외에 다른 출구는 없습니다.

고집을 꺾지 않는다s'entêter는 것은 문학의 **환원 불가능성**을, 다시 말해 철학, 과학, 심리학 등 저를 둘러싼 전형화된 담론들에 저항하며 그것들보다 오래 살아남는 문학 안의 어떤 것을 확언하려 한다는 말입니다. 바꿔 말해, 마치 문학이 유례없는 불멸의 것처럼 군다는 뜻입니다. 작가—이 말로써 저는 어떤 기능 보유자나 예술 추종자가 아니라 한 사람의 실천 주체를 일컫습니다—는 다른 모든 담론의 교차점에 자리한 채 학설의 순수성에 비해 참으로 **저속한**triviale 자세를 견지하는 감시자의 고집을 가져야 합니다('trivialis'라는 말은 어원상 세 갈래 길의 교차로에 서서 기다리는 매춘부의 자세를 의미합니다). 요컨대 고집을 꺾지 않는다는 것은 무슨 수를 써서라도 일탈과 기다림의 총력을 유지하려 드는 것을 뜻합니다. 정확히 말해 글쓰기는 고집을 꺾지 않음으로써 이동하게 됩니다. 일체의 즐김jouissance을 점령하게 마련인 권력은 글쓰기라는 즐김 역시 점령해 조종하고, 그럼으로써 그것을 배덕한 산물 대신 부화뇌동하는 산물로 만듭니다. 사랑의 즐김에서 생성되는 산물을 점령해 제 이익에 부합하는 군인과 투사로 만드는 것과 같은 이치로요. 따라서 **이동한다**는 것은 다음의 사실을 의미합니다. 사람들이 당신을 기다리지 않는 곳으로 가는 일, 혹은 한층 더 급진적으로 표현하자면, 부화뇌동하는 권력이 자신이 전에 쓴 것을 이용하고 예속시키는 경우 그것을 **공식적으로 버리는***abjurer* 일(자신이 생각했던 바마저 그러는 것은 아니고요). 파솔리니는 '생의 삼부작'에 해당하는 자신의 영화 세 편을 그처럼 "공식적으로 버"린(이 표현은 그에게서 나온 것이지요) 적이 있습니다. 권력이 그 영화들을 이용하는 것을 스스로 확인했기 때문입니다. 그러나 그렇다고 해서 파솔리니가 그 각본을 쓴 일을 후회하지는 않습니다. 사후에 출간된 한 글에서 그는 이렇게 말합니다. "나는 어떤 경우에도 실행에 **앞서** 권력과 자신의 문화가 병합될 것을 미리 두려워해서는 안 된다고 생각한다. 우리는 그 위험스러운 가능성이 존재하지 않는 것처럼 행동해야 할 것이다… 그러나 실행 **후**에는, 행여 그런 가능성이 있다면, 스스로 과연 어느 정도까지 권력에 이용당했는지 헤아릴 줄 알아야 한다고도 생각한다. 그리하여 우리의 진정성이나 절실함이 예속되거나 조정된 것이 사실이라면, 반드시 그것을 공식적으로 버리는 용기를 가져야 한다고 생각한다."

고집을 꺾지 않는 동시에 이동하는 것은 결국 유희의 방법론에 속합니다. 그러므로 언어의 반-권력이라는 불가능한 지평—다시 말해 언어체가 스스로의 권력, 스스로의 굴종성을 피하려는 시도를 벌이는 바로 그 현장—에서 연극과 관련된 요소가 발견된다 해서 놀라서는 안 될 것입니다. 앞에서 저는 언어체의 불가능을 지칭하기 위해 두 저자를 인용했습니다. 키르케고르와 니체가 그들이지요. 그 같은 불가능에도 불구하고 둘은 모두 글을 썼습니다. 그리고 두 사람 모두에게 글쓰기는 자기동일성의 이면에서, 유희 속에서, 고유한 이름이 겪는 격렬한 착란의 위험 속에서 이루어졌습니다. 한 사람은 끊임없이 가명이라는 수단에 힘입었고[32] 다른 한 사람은, 클로소프스키가 보여주었듯 자기 글쓰기 인생의 마지막에 연극적 표정광histrionisme[33]의 경계에까지 도달했지요. 우리는

32 키르케고르는 실명(본격적인 기독교도 독자 대상)과 여러 가명(신앙의 채비가 아직 미흡한 일반 독자 대상)을 교차하며 이중으로 저술 작업을 했다. 예를 들어, 같은 1843년에 나온 두 저작 중 『반복』에는 '콘스탄틴 콘스탄티우스,' 『두려움과 떨림』에는 '침묵의 요하네스Johannes de Silentio'라는 가명을 썼다.

33 피에르 클로소프스키의 『니체와 악순환』(1969)은 들뢰즈의 니체론과 더불어 프랑스 니체 연구에 독창적이고도 중요한 해석을 제공한 고전으로 꼽힌다. 'histrion'은 '어릿광대,' 'histrionisme'은 이를테면 '어릿광대주의,' 의학적으로는 과장된 연극적 행동과 태도를 히스테리적으로 모방하는 정신병을 가리키는 용어. 자아는 이렇게 최종 파멸에 도달하는가. 클로소프스키에 따르면, 늘 자신의 광기와 대결하는 명징의 힘으로 관통된 삶을 산 니체에게 이는 자기동일성의 완강한 악순환(동일자의 반복)으로부터 해방되는 시뮬라크르로서의 예술(기술)이었다. 니체에게

문학의 세번째 힘, 그러니까 고유하게 기호학적인 힘은 기호들을 파괴하는 데에 있다기보다 그것들로 **노는** 일, 기호들을 고정 장치와 안전 빗장이 터져 나간 언어의 기계 설비 안에 집어넣는 일에 있다고 말할 수 있을 것입니다. 요컨대 굴종적으로 모방하기만 하는 언어체 한복판에 사물들의 진정한 이명체제hétéronymie[34]를 창시하는 바로 그 일에 있다고 말입니다.

※

이렇게 해서 우리는 기호학과 마주합니다.

 우선 학문들은(적어도 제가 접한 몇몇은) 영원하지 않다는 얘기를 다시 해야겠군요. 그것들은 **증권거래소**, 다시 말해

    '배우'라는 현상이 존재 자체의 시뮬레이션이라면, '양심에
    거리낌 없는 표리부동의 기술'은 정신이 발휘할 수 있는 가장 높은
    힘이라는 것이다.
34 언어학 용어 'hétéronyme'은 주로 '동철이음이의어'(철자는
    같지만 발음과 의미가 다른 단어들), 또는 경우에 따라
    '이철동의어'(형태와 말의 뿌리는 다르지만 동일한 상위 개념을
    가리키는 단어들)를 가리킨다. 예를 들어 프랑스어에서 1)
    남성명사로 '아들'을 의미하면서 /fis/라고 발음되는 단수형 'fils'와
    2) /fil/이라고 발음되면서 '실'이나 '끈'을 의미하는 남성명사 'fil'의
    복수형인 'fils'는 동철이의어 관계다. 한편 단어의 생김새는 서로
    다르지만 똑같이 실내화를 가리키는 'pantoufle'과 'babouche'는
    이철동의어 쌍이다. 본문의 맥락은 이 용어를 직역해 권력과
    자기동일성의 체계를 유희적으로 교란하는 '이명異名들의
    무리'쯤으로 이해해도 무방할 듯하다.

역사라는 **주식시장**에서 오르내리는 주가와 마찬가지입니다. 이 점에 관해서는 주가로서 **신학**의 숙명이 어땠는지 돌이켜 보는 걸로 충분할 겁니다. 오늘날엔 옹색한 담론이 되고 말았지만, 그래도 그것은 예전엔 **7학예**[35]의 너머이자 상위에 자리했던 지고의 학문이었습니다. 소위 인문과학이라 불리는 학문들의 취약성은 아마도 그것들이 **예측 불능성**에 관한 학문들이라는 사실에 기인할 것입니다(**경제학**의 좌절감 및 분류학적 불안이 여기서 비롯됩니다). 이 사실은 즉시 학문에 대한 우리의 이해를 변질시키지요. 욕망의 학문인 정신분석학 역시, 우리가 **신학**과 마찬가지로 그것에 많은 빚을 지고 있다 하더라도, 언젠가는 어김없이 죽고 말 겁니다. 욕망에 대한 해석보다 욕망이 더 강하니까요.

그 조작 개념에 있어 기호들, 즉 모든 종류의 기호를 다루는 학문이라 관습적으로 정의할 수 있는 기호학은 언어학에서 유래했습니다. 그러나 제가 보기에는 언어학 자체가 경제학과 약간 비슷하게 찢겨 분열하는 중인 듯합니다(더구나 이 비교가 무의미한 건 아닐 겁니다). 한편으로 그것은 형식직 극섬을 향하며, 계량경제학이 그렇듯 그 경향에 의해 점점 더 형식주의가 되어갑니다. 다른 한편으로 그것은 제 본래

---

[35] 중세 대학의 '일곱 가지 자유학septem artes liberales'을 가리킨다. 삼학trivium(문법, 수사학, 논리학)과 사과quadrivium(기하, 산술, 천문, 음악)로 구성되었다.

의 영역에서 점점 더 동떨어진 내용들을 점점 더 많이 다루고 있습니다. 오늘날 경제학의 대상이 정치, 사회, 문화 등 도처에 존재하는 것과 동일하게 언어학의 대상 역시 제한이 없습니다. 뱅베니스트의 직관에 의하면 언어체란 곧 사회적인 것 자체이지요. 간단히 말해, 금욕의 과잉이든 허기의 과잉이든, 호리호리하든 포동포동하든, 여하튼 언어학은 해체되고 있습니다. 그리고 저 자신은 언어학의 이 같은 해체를 **기호학**이라 부르고자 합니다.

여러분은 제가 발표 내내 언어체에서 담론으로 슬쩍 넘어갔다가 때로 예고도 없이 담론에서 다시 언어체로 돌아오는 사실을 목도하셨을 겁니다. 마치 둘이 같은 대상인 것처럼요. 실제로 오늘 저는 이 자리에 채택된 변별적 기준하에서 언어체와 담론은 따로 분리되지 않는다고 생각합니다. 그것들은 권력이라는 동일한 축을 따라 움직이기 때문입니다. 소쉬르에게서 기원한 (**랑그/파롤** 쌍과 같은 형태의) 이 구분은 그 초기에만 해도 기여한 바가 매우 컸습니다. 기호학에 스스로 시작할 용기를 준 것도 그 같은 구분이었지요. 저는 그 대립쌍에 근거해 담론을 문법의 사례로 환원, 축소할 수 있었으며, 그럼으로써 보탄과 로게가 작은 두꺼비로 변한 알베리히를 밧줄로 비끄러매듯[36] 인간의 의사소통 전체를 제 그물로 잡

---

36 바그너의 〈니벨룽의 반지〉(1876) 서막인 〈라인의 황금〉에서 인용한 에피소드. 난쟁이 알베리히가 황금을 훔치나, 전능한 신

아들이겠다고 희망할 수 있었습니다. 그런데 사례가 곧 '사실 자체'는 아닙니다. 언어적 사실은 문장의 경계 안에 그대로 간직될 수 없습니다. 단순히 음소들과 단어들, 통사적 연관만이 통제된 자유―우리가 그것들을 아무렇게나 조합할 수는 없으니까요―의 체제에 굴복하는 건 아닙니다. 수사학의 차원에서는 둔중하고 모호하며 문법의 차원에서는 미묘하고 날카로운 각종 규칙과 제약, 억압과 탄압 들의 망에 의해 담론의 전체 면이 고정되지요. 언어체는 담론 속으로 흘러들어가고, 담론은 언어체 속으로 역류하며, 마치 맹쇼드 게임[37]에서처럼 둘은 서로가 서로의 밑에서 지속됩니다. 그런 상황에서 언어체와 담론의 구별은 한낱 일시적인 조작으로, 요컨대 "공식적으로 버"려야 할 것으로 보입니다. 하여 진행성 난청에라도 걸린 듯, 제가 언어체와 담론이 한데 섞여 내는 단 한 가지 소리밖에 들을 수 없는 시절이 왔습니다. 그 시기에 저는 언어학이 거대한 허상을 연구한다는, 다시 말해 트리말키오[38]가 노예들의 머리카락으로 손을 닦듯 이 학문이 담론의 실타래로 손가락을 닦아가며 지나치게 깨끗하고 순수하게 만들어버

	보탄(오딘)과 불의 신 로게가 간계를 써서 그를 두꺼비로 변하게 한 후 그물로 잡아들인다.
37	여럿이 술래에게 등 뒤로 손을 뻗게 해 그의 손바닥을 친 후, 누가 손을 쳤는지 알아맞히게 하는 프랑스 전래 놀이.
38	페트로니우스(AD 20~66)의 고대 소설 『사티리콘 Satyricon』의 등장인물. 노예 출신의 로마 졸부.

린 대상을 탐구한다는 인상을 갖게 되었습니다. 그렇다면 이후로 기호학은 욕망, 두려움, 표정, 위협, 수작, 애정, 항의, 변명, 공격, 늘 입에 달고 사는 얘기 등 그야말로 능동적 언어를 이루는 것들, 즉 언어체의 오염과 언어학의 찌꺼기, 전언의 즉각적인 부패를 거둬들이는 작업이어야 하리라는 말이 됩니다.

이러한 정의가 개인적인 것이라는 점은 압니다. 이렇게 정의하면 어떤 의미에서, 또 매우 역설적이게도 기호학 전체에 대해, 말하자면 이미 기호들의 실증과학으로서 연구되고 인정받으며 각종 연구지와 단체, 대학과 연구소를 통해 발전 중인 기호학에 대해 부득이 함구하게 된다는 점도 압니다. 따라서 저는 콜레주드프랑스에 이 강좌가 개설되는 취지가 한 학문을 축성하는 데 있다기보다 어느 개별적인 연구가 계속되도록, 어떤 주체의 모험이 계속 나아가도록 하려는 데 있다고 여기지 않을 수 없습니다. 저 자신과 관계되는 기호학은 본질적으로 열정의 움직임에서 출발했습니다. (대략 1954년경의 일입니다만) 제게 기호들의 학문은 사회 비판을 활성화할 수 있을 것으로 생각되었고, 이 기획 안에서 사르트르와 브레히트, 소쉬르가 함께 결합될 수 있었습니다. 요약하자면, 어떻게 한 사회가 상투어들을 생산하는지, 사회가 어떻게 그 같은 인위성의 극치를 생산한 후 이내 그게 본래 의미인 양, 즉 마치 자연의 극치인 양 소비하는지를 이해하는 일(또는 그 과정을 묘사하는 일)이 관건이었지요. 기호학(적어도 저의 기호학)은 일반적인 도덕관념의 특징이자 브레히트가 **위대한 관습**[39]이라 일컬으며 비판한 바 있는 자기기만과 양심의 혼합물을 용인하지 않는 데서 비롯되었습니다. 권력에 의해 작동하는 언어체, 그런 것이 이 초기 기호학의 대상이었습니다.

이후 기호학은 자리를 이동했습니다. 그러면서 그 색조는 이전과 달라졌어도, 대상은 예의 정치적인 것을 여전히 견지합니다. 그것 말고 다른 대상이 있을 턱이 없으니까요. 비록 68년 5월 혁명이 초래한 단절을 겪은 탓이긴 하지만, 지식인 사회가 변했다는 사실이 이 같은 이동의 원인이었습니다. 그에 따라 한편으로, 동시대 작업들은 사회적 주체와 말하는 주체의 비판적 이미지를 수정했고 지금도 여전히 수정하고 있습니다.[40] 다른 한편으로, 항의 기구들이 증가함에 따라 담론적 범주로서의 권력 자체도 분할되어 사방으로 흐르는 물

---

39 1930년 발표된 희곡 「동의자와 거부자Der Jasager und Der Neinsager」에 등장하는 표현.

40 한 예로, 푸코의 연구 성과들. 잘 알려진 대로, 그에 의하면 주체는 선험적·본질적·초월적인 어떤 것이 아니라 권력관계들의 소산, 담론적 배치의 효과다. 푸코의 '고고학적' 관점에 의하면, '담론'은 "동일한 형성 체계에 속하는 언표들의 집합l'ensemble des énoncés qui relèvent d'un même système de formation"이다(*L'Archéologie du savoir*, Paris: Gallimard, 1969, p. 141). 마찬가지로, 역사의 한 계기에 (각개의 상이성과 다양성을 넘어) 하나의 '앎savoir'을 구성하는 공통점들의 집합을 일련의 '언표들의 집합'이 보여줄 때 이를 '담론(적) 형성formation discursive'이라 정의할 수 있다.

처럼 뻗어나갔고, 각 대립 단체들이 나름의 압력 단체가 된 채 스스로의 이름으로 권력의 담론을, 다시 말해 보편적 담론을 주창하는 현상이 생겨났습니다. 일종의 도덕적 흥분이 정치 단체들을 사로잡았으며, 사람들이 즐김을 목적으로 어떤 권리를 요구할 때 그 말에는 협박조가 어렸습니다. 이렇게 해서 우리는 해방의 청원들, 곧 사회와 문화와 예술과 성의 청원 대부분이 권력의 담론 형태로 발화되는 것을 목격했습니다. 우리는 이미 부순 것을 도로 등장시키면서, 그럼으로써 자신들이 다른 방면에서 다시 부수고 있음을 깨닫지 못하고 자만한 셈이지요.

해서 문제의 기호학이 다시 **텍스트**로 돌아오게 되었다면, 그건 이 작은 지배들의 합주 속에서 **텍스트**야말로 **탈권력** *dépouvoir*의 지표로 비쳤기 때문입니다. **텍스트**는 부화뇌동하는 말(즉 군집하는 말)이 제 안에서 재구성되는 기척을 보일 때마다 끝없이 그 말로부터 도주하는 힘을 내부에 지닙니다. 그것은 줄곧 점점 더 멀리 밀어냅니다. 방금 전 제가 문학을 언급하면서 묘사하고 정당화하려 한 것도 이 신기루와 같은 움직임입니다만, **텍스트**는 정치화된 문화의 클리셰들topoi, 즉 니체가 말한 "개념, 종류, 형식, 목적, 법칙 들을 형성해야 한다는 강압이자 […] 결국엔 동일성의 사례들의 세계"에 해당하는 바로부터 다른 곳을 향해, 이를테면 분류되지도 않고 위치를 정할 수도 없는atopique 장소를 향해 멀리 밀어냅니다.

그것은 우리의 집단적 담론을 짓누르는 일반성과 도덕관념, 무-차이in-différence(여기서는 이 단어의 어근과 접두사를 분리해 표시합시다)의 덮개를 미약하게, 일시적으로 들어 올립니다. 이렇게 해서 문학과 기호학은 서로가 서로를 교정하기 위해 함께 활용되기에 이릅니다. 한편으로, 옛것이든 현대의 것이든 텍스트로의 끊임없는 귀환은, 또 기호 작용의 실천 중 가장 복합적인(이미 다 만들어진 기호들로부터 출발해 작동하는 것이기에 그렇습니다) 글쓰기로의 규칙적인 투신은 기호학으로 하여금 차이들에 대해 탐구하도록 만듭니다. 그뿐만 아니라 기호학이 교조화하고 '장악'하지 않도록, 그것이 실제와 달리 스스로를 보편 담론으로 여기지 않도록 막아줍니다. 역으로, 텍스트에 실리는 기호학의 시선은 문학을 에워싸고 압박하는 저 뇌동하는 말로부터 문학을 구제하기 위해 우리가 흔히 기대는 신화, 곧 순수한 창조성이라는 신화를 거부하지 않을 수 없게 만듭니다. 결국 기호란 기대에 더 잘 어긋나기 위해서 생각되는 것, 마땅히 그러기 위해서 다시 생각되어야 하는 것입니다.

∗

제가 말하는 기호학은 **부정적인** 동시에 **능동적**입니다. 좋으나 싫으나 평생 동안 언어라는 골칫덩이와 고투한 사람이라면,

언어의 공空의 형태들에 매혹되지 않을 수 없을 겁니다. 이때 공이란 무의미함creux과는 정반대의 뜻이고요. 따라서 지금 이 자리에서 제시되는 기호학은 부정적인 것입니다. 아니, 나아가, 육중한 용어이긴 해도 이렇게 말해보지요, 비확언적인 *apophatique*[41] 것입니다. 기호를 부인해서가 아니라, 기호에 실증적이고 고정적이며 비역사적이고 비육체적인 특질들, 간단히 말해 과학적 성격을 부여할 수 있다는 믿음을 거부한다는 의미에서 그렇습니다. 이 비확언주의는 기호학 교육에 직접적으로 영향을 미치는 적어도 두 가지 결과를 가져옵니다.

 기호학이 그 자체로 메타언어일 수는 없다는 사실이 그 첫번째입니다. 물론 기호학이 언어들에 대한 언어인 까닭에 최초에는 모든 것이 그 방향으로 설정된 바 있지요. 그러나 기호를 성찰한다는 바로 그 점으로 인해, 기호학은 한 언어가 다른 언어에 대해 전적으로 외재적 관계를 지닌다는 관점이 시간이 흐르면서는 옹호 불가능해짐을 발견합니다. 시간이 나의 거리 두는 힘을 마모시키고 들볶음으로써 결국 그 거리를 경직화해버리니까요. 나는 평생 언어 바깥에서 언어를 과녁으로 취급하고, 언어 안에서 언어를 무기처럼 다루며 머무를 수

41 어원은 고대 그리스어 'apophatikós'(부정하다, 드러내지 않다)다. 방법론적으로 긍정(단언, '…이다')이 아니라 부정négation, 즉 '…이 아니다'를 사용한다. 신의 무한한 속성을 '신은 …이다'라는 규정으로 제한하는 오류를 피하기 위해 '신은 …이 아니다'라고만 말할 수 있다고 보는 부정신학이 대표적인 예.

없습니다. 기실 과학의 주체는 스스로를 내보이지 않는 주체이며, 결국 그처럼 볼거리를 억제해 표출하지 않는 경우를 일컬어 "메타언어"라 한다 칩시다. 반면 기호들로 기호들을 말하는 제가 제 몫으로 삼게 된 바는 무엇일까요. 중국 그림자극에서 배우들의 손과 그 손이 형태 모방하는 토끼며 오리, 늑대 따위가 동시에 함께 보이는 기묘한 일치의 광경, 바로 그 희한한 사시안strabisme의 정경입니다. 이 점이 저를 그림자극 배우들과 동일한 부류로 만들어주지요. 또한 일각에서 이 조건을 이용해 능동적 기호학, 즉 글쓰기를 실천하는 기호학과 과학의 관계를 일절 부인하려 한다면, 그들에게는 마땅히 이렇게 일러주어야 할 것입니다. 메타언어가 역사적으로 조성된 기호, 따라서 기피 신청을 할 수 있는 기호에 불과한데도 그동안 우리는 모종의 인식론적 오류에 기대어 메타언어와 과학을 동일시하고 둘을 서로 없어서는 안 될 조건인 듯 여겨왔는데, 이 같은 오류가 명확히 **쇠퇴하기 시작하고 있다**고요. 남다를 것 없는 하나의 표식에 불과한 메타언어학적인 것과 그와는 다른 준거들을 가진 과학적인 것을 구분할 시기가 된 것 같습니다(덧붙이자면, 선행한 과학을 파괴하는 것이야말로 정말로 과학적인 실천일 것입니다[42]).

42　　이 대목에서는 푸코나 조르주 캉길렘, 루이 알튀세르 등에게
　　　　영향을 준 가스통 바슐라르의 중요한 가르침, '인식론적
　　　　장애obstacle épistémologique' 및 '인식론적 단절rupture

기호학은 과학과 관계 맺지만 별도의 분과 학문을 구성하는 건 아닙니다(기호학의 비확언주의에 따르는 부차적 결과이지요). 그럼 어떤 관계를 맺냐고요? 일종의 하녀 같은 관계입니다. 기호학은 여러 학문을 돕고 일정 기간 길동무가 되어줄 수 있습니다. 조작 매뉴얼을 제시해줄 수도 있습니다. 각 학문은 그 매뉴얼을 바탕으로 자기 자료체의 차별성을 명확히 해야겠지요. 가령 기호학 중에서 가장 많이 발달한 영역, 즉 이야기 분석과 같은 것은 역사학과 민족학, 텍스트 비평, 주해, 도상해석학에 이용될 수 있습니다(어떤 면에서 모든 이미지는 하나의 이야기입니다). 달리 말하자면, 기호학은 그리드가 아닙니다. 기호학은 실재를 인지 가능하도록 만들 보편의 투명한 척도를 대어줌으로써 직접적으로 실재를 파악하게 하지는 않습니다. 그보다는, 때때로 드문드문 실재를 들어 올려보려 합니다. 그리고 이런 효과는 그리드 없이도 가능하다고 말합니다. 더구나 기호학이 그리드가 되려 하는 순간 그것은 아무것도 들어 올리지 못할 테지요. 이런 이유에서 기

> *épistémologique*' 개념을 떠올려야 할 것이다. 과학사의 불연속을 강조하는 바슐라르에 의하면 진정한 과학적 진보는 이전의 과학 성과를 바탕으로, 그것을 연속하면서 이뤄지는 것이 아니라 반대로 그 성과를 부정하고 그와 절연하면서 이룩된다. 최초의 오류를 교정하는 긴 역사적 과정이 곧 진실이라 할 때, 인식론의 역할은 과학적 진보를 막는 인식론적 장애물, 다시 말해 특정 유형의 지적 형태를 명확히 밝힘으로써 과학이 그것을 극복하고 하나의 앎으로 나아가도록 하는 데 있다.

호학은 어떤 분과 학문도 대체하지 않습니다. 저는 이곳에서 기호학이 다른 연구의 자리를 대신 차지하는 법이 없기를, 반대로 그것들 모두를 도울 수 있기를 바랍니다. 기호 자체가 모든 담론에 대해 그렇듯, 기호학의 자리가 일종의 유동 강단, 혹은 오늘날의 앎에서 조커와 같은 것이 되기를 희망합니다.

 이 부정적 기호학은 또한 능동적 기호학입니다. 그것이 죽음 바깥에서 펼쳐지기 때문이지요. 이 말은 부정적 기호학이 '기호 자연sémiophysis,' 즉 기호의 활기 없는 자연성에 근거하는 것도, '기호 파괴sémioclastie,' 즉 기호를 무너뜨리는 것도 아니라는 의미입니다. 계속해서 고대 그리스의 패러다임을 적용해보자면, 부정적 기호학은 차라리 '기호 지향sémiotropie'이라고 부를 수 있을 겁니다. 기호를 향하는 그것은 그렇기에 기호에 매혹되고, 기호를 받아들이고, 기호를 다루고, 필요하다면 기호를 상상의 광경처럼 모방합니다. 요컨대 기호학자는 예술가일 수 있겠습니다(여기서 '예술가'라는 말은 영예롭지도, 거만하지도 않습니다. 그저 유형 분류와 관계된 명칭일 뿐이지요). 기호학자는 의식을 지닌 미끼를 음미하듯 기호들로 유희하는 한편, 다른 이들이 그 매혹을 맛보고 이해하도록 하기를 원합니다. 기호—적어도 기호학자의 눈에 띄는 기호—는 언제나 즉각적이며, **상상적인 것**l'Imaginaire의 느닷없는 발동처럼 불시에 그의 면전으로 날아드는 자명성의 지배를 받습니다. 그리고 그런 까닭에 기호학(또다시 명확히 밝혀야 할까요, 지금 이 자리에서 말하는 이의 기호학이라는 뜻입니다)은 해석학이 아닙니다. 그것은 파헤치기보다 채색합니다. 빼기보다via di levare 더합니다via di porre.[43] 기호학이 선호하는 대상은 상상적인 것의 텍스트들입니다. 이야기들, 이미지들, 초상 묘사portrait[44]들, 표현들, 고유어들, 정념들, 또한 외관의 개연성과 진실의 불확실성을 동시에 구사하는 구조들이 그에 해당되지요. 그 과정 내내 채색된 베일을, 나아가 허구를 가지고 놀듯 기호로 유희하는 일이 가능하며 심지어 예기豫期되기까지 하는 각종 조작의 흐름을 저는 기꺼이 '기호학'이라고 부르겠습니다.

사회보다는 문화에 더 영향을 미치는 최근의 몇 가지 변동은 오늘날 이 같은 상상적 기호의 즐김을 구상할 수 있게 합니다. 새로운 상황은 앞서 제가 언급한 문학의 힘의 활용법을 수정합니다. 한편으로, 우선 1945년 해방 이후 모든 탁월한 가치의 신성한 수탁자라는 위대한 프랑스 작가의 신화는 쇠퇴하고 약화되며, 간전기를 대표하는 마지막 생존 작가들

43 레오나르도 다빈치가 회화와 조각을 구분하기 위해서 사용한 표현들. 그에 따르면 빼는 것(들어내는 것)은 조각, 더하는 것(놓는 것)은 회화의 특성이다. 프로이트는 같은 비교를 활용해 정신분석적 요법은 빼는 작업이어야 한다고 설명하기도 했다.
44 회화와 사진에서 초상화, 또는 글에서 인물 묘사. 특정적으로는 17세기 살롱에서 유행한 '포르트레'(어떤 인물을 간결하고 명확하게, 또는 재치 있게 묘사하는 문학 장르)를 가리킨다.

이 하나둘 사망하면서 점차 죽어가고 있습니다. 이제 등장하는 건, 작가? 지식인? 필사자scripteur? 여하튼 무어라 불러야 할지 더 이상 알 수 없는, 혹은 아직은 알 수 없는 못 보던 유형의 작자type입니다. 어떤 식으로든 문학의 **지배**는 사라져가고, 작가는 더 이상 퍼레이드를 벌일 수 없습니다. 다른 한편으로, 이어 68년 5월 혁명은 교육의 위기를 표명했습니다. 옛 가치들은 더 이상 전수되지도, 유통되지도, 자극을 주지도 못합니다. 문학은 신성함을 박탈당했고, 제도들은 이제 문학을 보호하거나 문학을 인간의 암묵적 본보기라 강요하기에는 무력합니다. 하지만 글쎄요, 문학은 파괴된 게 아닙니다. 더 이상 **감호되지 않을** 뿐입니다. 그러니 이제 문학을 향해 가야 할 순간입니다. 아마도 문학기호학은 상속자 부재로 인해 자유로워진 풍경 속으로 상륙하도록 허용하는, 바로 그런 여행이 될 것입니다. 거기엔 이제 막아서는 천사도, 용도 없겠지요. 그리하여 시선은 여전히 배덕함을 지닌 채 오래되고도 아름다운, 기의의 유효기간이 지나 추상화되고 만 사물들로 향할 수 있을 것입니다. 이는 몰락인 동시에 예언적 순간, 부드러운 종말론의 순간, 가장 거대한 즐김의 역사적 순간이 될 테지요.

    따라서 장소의 특성상, 청중의 충실성을 제외한 그 어떤 것도 제재를 가할 수 없는 이 강의에 체계적 실천의 자격으로 방법론이 개입한다면 그것은 해독의 생산과 결과의 제시를 목표로 할 발견적heuristique 방법론일 수는 없겠습니다. 이 강의에서 방법론은 **장악하는**prend 일체의 담론을 좌절시키고자 싸운다는 자격으로 오로지 언어에만 영향을 끼칠 수 있습니다. 그런 이유에서 그것 역시 **허구**라고 말하는 건 정당합니다. 이는 말라르메가 언어학 학위논문을 준비할지 고려하던 시절에 이미 내놓은 제안이기도 하지요. "모든 방법론은 허구다. 그에게 언어는 허구의 도구로 출현한다. 이로써 그는 언어 방법론, 다시 말해 저 스스로를 비추는 언어를 따르게 되리라."[45] 이 자리에서 강의하는 동안 매해 제가 새롭게 하고 싶은 바는 수업 혹은 세미나를 제시하는 방식, 간단히 말해 담론을 결코 강요하지 않으면서 '지탱하는tenir'[46] 방식입니다. 방

45 출처는 말라르메의「노트」(1869). 바르트의 인용은 다소 생략적이다. 가령 첫 구절의 원문은 "모든 방법론은 허구이며, 따라서 입증démonstration에 적절하다"이다. 본문 인용문의 '그'는 데카르트를 가리킨다. 『방법서설』(1637)에 관한 위의 구절에 이어 말라르메는 덧붙이길, "결국 그에게 허구는 인간 정신의 과정 자체로 여겨진다."("Notes," in *Œuvres complètes*, texte établi et annoté par Henri Mondor & Georges Jean-Aubry, Paris: Gallimard, coll. 'Pléiade', 1945, p. 851) 말라르메는 데카르트가 과학과 방법론 그리고 허구 사이에 세운 연관 관계에 초점을 맞추며 다음의 결론에 이른다. "그러므로 과학은 보편적인 것, 수사학이 되려고 하는 역사적이며 비교적인 **문법**과 다름없다. 〔…〕 스스로의 확증을 언어에서 찾았던 과학은 이제 언어의 **확증**이 되어야만 한다."(같은 책, p. 852) 말라르메의 이 같은 언어관은 바르트에게서도 그 흔적을 찾을 수 있지만, 블랑쇼에게도 큰 영향을 주었다.

46 프랑스어 관용구 'tenir un discours'는 '연설하다'(어떤 입장을 가지고) 말하다'라는 뜻을 갖는다. 여기서는 바르트가 '잡다' '쥐다' '유지하다' 등의 의미를 갖는 'tenir' 동사를 강조한 점을 주목해

법론적 관건은 바로 거기, 그 문제quaestio, 그 쟁점에 달려 있을 것입니다. 무릇 강의에서 억압적일 수 있는 요소는 결국 강의가 전달하는 지식이나 교양이 아니라 그 지식과 교양을 제시하는 담론의 형태들이니까요. 앞서 제가 시사하려 했듯 이 강의의 주제가 스스로의 권력이라는 숙명에 사로잡힌 담론인 이상, 실제로 방법론은 그 권력을 좌절시키고 분리시키거나 적어도 그것을 경감시키기에 적절한 수단들에만 적용될 수 있습니다. 글을 쓸 때든 강의를 할 때든, 저는 장악에서 벗어나기déprise라는 방법론의 근본 조작이 글쓰기의 경우엔 단상fragmentation, 설명의 경우엔 여담digression, 또는 아주 정확하게 애매한 단어로 말해 소요excursion라는 확신이 갈수록 강하게 듭니다.[47] 하여 저는 이 강의에서 서로 엮일 말과 청취가

'지탱하는'으로 옮겼다. 말(연설)을 한다는 것은 흔히 발화자가 언어를 쥐고 그것이 계속될 수 있도록 장악, 유지하는 행위, 그러므로 권력의 함정과 겨루거나 그 함정에 빠지는 행위이기 때문이다. 바르트의 콜레주드프랑스 첫해 강의 '어떻게 함께 살 것인가Comment vivre ensemble'의 마지막 단계는 'tenir un discours'를 주제로 한 일련의 수업과 세미나로 마무리됐다.

47 '단상'(파편화), '여담' 그리고 어원상 '바깥으로 달려 나가다'라는 뜻에서 유래해 이리저리 자유롭게 거니는 산책을 가리키게 된 '소요'까지, 이 셋에는 정해진 질서에서 일탈한다는 의미가 공통적으로 들어 있다. 이들 단어와 깊이 연계될 만한 다른 어휘로 'rêver'(꿈꾸다)를 들 수 있는데, 이 글 앞부분에서 '잠꼬대한다'라는 구절에 동원됐고 '환상' '허구' '상상적인 것'과 어깨를 나란히 할 이 동사 역시 어원적으로 '배회하다'의 함의를 갖기 때문이다.

어머니 곁을 오가며 노는 어린 아이의 모습과 흡사하기를 바랍니다. 아이는 어머니에게서 멀어졌다가 조약돌 한 개, 털실한 오라기를 주기 위해 어머니 곁으로 되돌아오고, 그러면서 평화로운 중심의 주위에 온전한 놀이터를 그립니다. 그 놀이의 공간 안에서 궁극적으로 조약돌이나 털실은 그걸 통해 형성되는 증여, 선물하려는 열성으로 가득한 그 증여보다 중요하지 않지요.

그렇게 움직일 때 아이는 다른 무엇도 아닌, 오로지 어떤 욕망의 오고 감을 전개할 뿐입니다. 그것을 끝없이 제시하고 또 제시할 따름입니다. 저는 이 같은 강의를 시작할 때는 늘 기꺼이 환상에 자리를 마련해주어야 한다고 진실되게 믿고 있습니다. 환상의 종류야 매년 바뀔 수 있겠지요. 이 생각이 도발적으로 보일 수 있다는 점은 압니다. 아무리 자유로운 제도라 할지라도, 어떻게 감히 그 틀 안에서 환상에 찬 강의라는 말을 꺼낼 수 있겠습니까? 그런데 인문과학 중에서도 가장 확실한 분야, 즉 **역사**의 경우를 잠깐 고려해보죠. 어떻게 그 학문이 환상과 지속적인 관계를 맺어왔다는 사실을 인정하지 않을 수 있겠습니까? 일찍이 미슐레가 이해했던 바가 바로 그 점입니다. 따지고 보면 **역사**란 결국 더할 나위 없는 환상의 장소, 다시 말해 인간 육체에 대한 이야기라는 것이죠. 미슐레는 과거에 속한 몸들의 서정적 부활이라는 문제와 결부된 자신의 환상으로부터 출발해 **역사**를 하나의 거대한 인류학으로 만들 수 있었습니다. 따라서 학문은 환상으로부터 태어날 수 있습니다. 해마다 자기 여행의 방향을 정해야 할 순간이 되면 교수는, 명시적이든 암묵적이든, 환상의 쪽으로 돌아와야 할 것입니다. 그럼으로써 그는 사람들이 그를 기다리는 장소, 즉 **아버지**의 장소로부터 벗어납니다. 다들 알다시피 아버지는 언제나 죽은 아버지입니다. 언제나 아들만이 환상을 가지며, 아들만이 살아 있으니까요.

∗

일전에 저는 토마스 만의 소설『마의 산』을 다시 읽었습니다. 이 책은 제가 잘 아는 병인 결핵을 등장시키지요. 독서를 통해 저는 제 의식 속에 이 병의 세 시기를 한자리에 모아 간직할 수 있었습니다. 그 셋이란 각기 1914년 제1차 세계대전 전에 벌어지는 소설 속 일화의 시절, 제가 병을 앓던 1942년경, 그리고 이 병이 화학요법으로 퇴치되어 전혀 예전의 면모를 띠지 않는 현재의 순간입니다. 제가 경험한 결핵은 아주 사소한 몇 가지만 제외하면『마의 산』에 나오는 결핵과 동일합니다. 두 시간대는 똑같이 제 현재로부터 멀리 떨어진 채 서로 섞여 있었지요. 그 순간 저는 **제 고유한 육체가 역사적이라는 사실**을 아연실색하며(오직 자명한 것들만이 놀라게 할 수 있습니다) 깨달았습니다. 어떤 의미에서 제 육체는『마의 산』의 주인공 한스 카스토르프와 동시대에 속합니다. 당시 아직 태어나지도 않았던 제 육체는 이미 한스가 '고산지대'에 들어가 자리 잡은 1907년의 스무 살이었던 겁니다. 사람은 생의 우연에 의해 몸소 접한 사회적 공포의 나이를 늘 간직하게 마련이라는 듯, 제 몸은 저보다 훨씬 나이가 많습니다. 그러므로 살기를 원한다면, 저는 제 육체가 역사적이라는 사실을 잊어야 할 것입니다. 스스로가 지나간 과거의 자기 육체 말고 현재의 젊은 육체들과 동시대인이라는 환상 속에 몸을 던져야 할 것입니다. 요컨대 저는 주기적으로 다시 태어나고 실제 자신보다 더 젊어져야 할 것입니다. 미슐레는 51세에 자신의 신생vita nuova을, 새로운 작품과 새로운 사랑을 시작했습니다. 미슐레보다 나이가 더 많은(이런 비교가 애정에서 나온 것임을 이해해주시겠지요) 저 역시 오늘 이 새로운 장소, 새로운 환대가 가리켜 보이는 새 삶 속으로 들어갑니다. 따라서 저는 모든 살아 있는 생명의 힘, 곧 망각에 자신을 내맡기고자 합니다. 우리가 저 스스로 아는 것을 가르치는 나이가 있습니다. 그러나 곧이어 다른 시절이 찾아오니, 그 시기에 우리는 자신이 알지 못하는 것을 가르칩니다. 우리는 이를 일컬어 **탐구한다고** 하지요. 아마도 지금은 또 다른 경험의 시기가 온 듯합니다. 바로 익힌 것을 잊는 나이, 그동안 우리가 거쳐온 지식과 교양과 신념의 침전물에 망각이 가하는 예측 불허의 재편성을 그대로 작동하도록 놓아두는 시기가 그것입니다. 생각건대 이 경험에는 너무나 유명하고도 시대에 뒤처진 이름이 있군요. 이제 저는 바로 그 어원의 기로에 서서, 감히 아무 거리낌 없이 그 이름을 채택하고자 합니다. 지혜Sapientia, 다시 말해 전혀 없는 권력, 약간의 지식, 약간의 현명함, 가능한 한 최대치의 맛이라는 뜻이지요.

롤랑 바르트의
죽음들

이 텍스트는 Jacques Derrida, "Les morts de Roland Barthes," *Poétique* 47, septembre 1981, pp. 269~92로 처음 게재된 후 *Psyché* I, Paris: Galilée, 1998, pp. 273~304에 재수록되었다. 번역 저본으로는 이후 데리다가 쓴 애도의 글들을 한데 묶은 *Chaque fois unique, la fin du monde*, Paris: Galilée, 2003, pp. 57~97을 썼다. 이는 시카고 드폴 대학교의 두 연구자 파스칼-안 브로, 마이클 나스의 주도하에 미국에서 먼저 출간된 *The Work of Mourning*, trans. Pascale-Anne Brault & Michael Naas, Chicago: University of Chicago Press, 2001의 프랑스어판이다.

이 복수형pluriel을 어떻게, 누구에게 맞추고 부여할 것인가? 이 질문은 또한 음악 소리를 따라 들려온다.[1] 복수형은 신뢰하는 듯 순한 태도로, 여기 있는 내가 그것에서 감지하는 어떤 단념 속에서, 다음 수순을 이행하는 듯하다. 잘 들리지 않는 첫 소절의 시작에 이어 하나의 질서를, 마치 침묵의 중단처럼 이어지는 그것을 따르기. 그렇다. 복수형은 하나의 질서를 따라가고, 심지어 복종하고, 제가 불려 오도록 놓아둔다. 그것은 스스로를 요청한다. 그리고 나 자신은, 이 죽음들을 위해 하나의 복수형을 주문하도록 이끌리며, 이름의 법칙에 굴복해야만 했다. 어떤 반론도, 하다못해 염치마저도 그 법칙에 저항할 수 없었다. 완고하고 어김없는 결정의 순간, 찰카닥 셔터가 눌리는 거의 속수무책의 시간이 오면 말이다. 일은 유일하게, 돌이킬 수 없이 단번에 그렇게 되어 있을 것이다. 그렇게 된 자리에 벌써 어떤 책 제목이 등장한다는 사실이 내겐 견디기 힘들다. 고유한 이름 하나로 그러기에 이미 충분했을 테다. 고유한 이름은 홀로, 오로지 그것 혼자만으로 죽음 또한 말한다. 하나의 죽음으로 모든 죽음을 말한다. 고유한 이름은 그 이름을 지닌 사람의 생전에 그렇게 한다. 무수한 약호

1   데리다는 첫머리에 'accorder' 동사를 써서 '부여하다' '부합하게 하다'에 더해 음악적 의미로 '조율하다'라는 뜻이 같이 울리도록 했다. 바르트는 낭만주의음악을 사랑하는 아마추어 피아니스트이자 음악 비평가의 면모 또한 보였던 만큼, 이 동사는 이후 전개될 텍스트에서 일부 단어들과 더불어 긴요한 역할을 한다.

codes와 의례가 고유한 이름의 그 특권을 지우기 위해 애쓴다. 이 특권은 무시무시하니까. 반면 고유한 이름만이, 오로지 저 혼자만으로도, 단호하게 유일한 이의 유일한 사라짐을, 형언할 수 없는 한 죽음의 개별성singularité을 공언한다(지금은 '형언할 수 없는'이라는 말이 내가 잠시 후 다시 읽을, 롤랑 바르트가 쓴 텍스트 한 구절의 인용처럼 울린다). 죽음은 이름 자체에 그대로 저를 기입하는데, 그건 이내 그 이름 안에서 여럿으로 분산되기 위해서다. 하나의 이름으로 여럿이 함께 대답하는au nom d'un seul répondre à plusieurs 기이한 통사를 거기에 넌지시 끼워 넣기 위해서다.

●

롤랑 바르트를 향하는 이 생각들. 왜 내게 그것들이 단상의 상태로 남아야 하는지, 왜 나는 그것들이 편린을 넘어 아예 미완의 형태일 것을 고집하는지, 이유를 아직 모르겠다. 결국 그 이유를 이해시키고 말고는 그리 중요하지 않다. 고집하건대, 역력한 미완의 형태로 둘 것. 사이를 두고, 열린 채로, 아포리즘의 독단적인 언중유골 또한 없이 중단되도록 할 것. 생각에 잠기듯pensivement[2] 작은 조약돌들을 놓을 것. 매번 하나씩,

2   'penser'(생각하다)의 라틴어 어원은 'pensare'로, 이는 '저울에 돌(추)을 놓아가며 신중히 무게를 가늠하다'라는 뜻의 동사

이름 하나의 가장자리에, 마치 되돌아오리라는revenir³ 약속
인 듯.

●

그를 향해, 롤랑 바르트를 향해 이 생각들을. 그를 향해. 이 말
은 내가 단지 그의 작품이나 그라는 주제에 대해서뿐만 아니
라 그에 대해서 생각한다는 것, 그를 생각한다는 것을 의미한

> 'peser'(달다, 힘주어 누르다)와 동일하다. 이러한 이유에서
> 이어지는 단상들 사이사이에는 롤랑 바르트를 향한 생각의 검은
> 돌, ●이 놓인다(이 제스처는 잊지 않고 기억하겠다는 의미로 죽은
> 이의 묘석에 돌을 올려놓는 유대인의 오랜 풍습을 상기시키기도
> 한다). 완결과 총체를 거부하고 상투성의 완강한 결을 찢어
> 논리의 고정된 방향성을 해제하는 개방적 방법론으로서 편린의
> 글쓰기, 단상이 지극히 바르트적인 형식임은 두말할 나위 없다.
> 이런 각도에서 볼 때 데리다가 글 안에 삽입하는 검은 돌들은 곧
> 그만큼의 구멍과 점이기도 할 것이다.
>
> 3 본문에서 데리다는 동사 'revenir'(되돌아오다, 재검토하다)를
> 반복적으로 사용할 것이다. 이 동사의 쓰임은 여러 면에서
> 생각해볼 수 있다. 우선 (데리다가 바르트의 저작들을 재검토하듯)
> 어떤 문헌이나 자료 등을 참조한다는 일반적 의미가 있다.
> 다음으로, 제대로 극복되지 않은 과거의 상실이 하나의 증상이
> 되어 삶을 가로막을 경우에 그 과거로 '되돌아와야'(되돌아가야) 할
> 필요성과의 관계에서, 즉 애도 작업이라는 주제에 결부해서 고려할
> 수 있다. 이 두번째 맥락에 의해, 이 동사는 '유령revenant' '유령의
> 귀환'(결국 이 표현은 동어반복이다) 및 혼톨로지hantologie와
> 본질적 관련성을 지닌다.

다. 그를 향해. 이 말은 또한 내가 그에게 이 생각들을 헌정하려 한다는, 이것들을 그에게 주고 또 건네려 한다는 의미로도 보인다. 그러나 이 생각들은 더 이상 그에게 가닿지 못하리라. 나는 바로 그 사실로부터 생각을 출발시켜야 한다. 이 생각들은 더 이상 그에게, 그에게까지 이르지 못한다. 비록 그의 생전에는 그럴 수 있었을지라도 말이다. 그러면? 이 생각들은 어디로 가닿는가? 누구에게, 또 누구를 향해? 오로지 내 안에 있는 그에게? 당신 안에 있는 그에게? 우리 안에 있는 그에게? 그건 같은 일이 아니다. 그것은 그만큼의 여러 번을 이루며, 그가 여럿 중 한 타자un autre에 드는 순간부터 타자는 더 이상 동일자가 아니다. 내 말은, 자신과 동일한 자가 아니라는 뜻이다. 바르트, 그는 이제 여기 없다. 이 자명한 사실에, 그 지나치게 밝은 빛에 유념할 것. 가장 단순한 사실로 되돌아오듯 끊임없이 그 자명성으로 다시 돌아올 것. 스스로 불가능 속으로 물러나면서 여전히 생각할 바를 주고 생각하도록 놓아두는 그 자명성으로만 되돌아갈 것.

●

생각할 여지를, 욕망할 여지를 줄 빛이 더 이상 없다. 욕망할 여지를 주는 그 사실을 알기, 아니, 그보다 받아들이기. 빛의 어느 보이지 않는 원천에 비추어 그 사실을 사랑하기. 바르트의 독특한 빛은 어디에서 왔을까? 그 빛은 어디에서 발원해 그에게 이르렀을까? 그는 분명 그 빛을 받아들인 자이기도 하니 말이다. 아무것도 단순화하지 않는 빛, 주름 속과 보호구역을 결코 침범하지 않는 그 빛은 언제나 어느 존재하지 않는 지점으로부터, 그 나름의 방식에 의해 비가시적으로 머물러 나로서는 도무지 위치를 매길 수 없는 어떤 지점으로부터 발산되었다. 그리고 나는 내가 위치를 매길 수 없는 그것에 관해 말하고자 하는 것이다. 마치 그러는 게 남겨진 내 몫인 듯, 적어도 그것에 관해 하나의 착상을 제공하고자 하는 것이다.

●

생생하게, 그것 그대로 살려두기. 이것이 충실성이 할 수 있는 최선의 행위일까? 가장 생생한 것부터 가보자는 모호한 느낌 속에, 내가 읽지 않았던 그의 책 두 권을 방금 읽었다. 그렇듯 그 섬으로 물러나 앉아 아직 아무 일도 일어나지 않았다고 믿는 척했다. 뿐만 아니라 난 정말로 그렇다고 믿었고, 두 책은 각기 이 같은 믿음과 관련해 생각해야 할 바를 내게 말해주었다. 두 책. 그의 첫 책과 마지막 책. 나는 더없이 상이한 이유에서 그것들을 읽길 미뤄왔었다. 먼저 『글쓰기의 영도』가 있다. 나는 예전에 나와 이 책을 갈라놓았던 모든 이유를 떠나 그 힘과 필연성을 한층 잘 이해했다. 그 책의 관건은 단순히 대문자들, 각종 공시connotations⁴와 수사학 그리고 생각건대 글쓰기가 그로부터 나왔을sortir 뿐만 아니라 벗어나기도 해야 하는 한 시대의 온갖 표지들에 국한되지 않았다. 이 1953년 저서에서는 그가 종종 인용하는 블랑쇼의 저작들과 마찬가지로, 내가 서투름과 부당함을 무릅쓰고 '나가기'라 명명하는 움직임이 내내 진행된다. 그다음으로 『밝은 방』이 있다. 이 책의 시간은 그의 죽음과 동행했으니, 일찍이 이처럼 제 저자 곁에서 경야를 한 책도 없을 것이라 믿긴다.

●

첫 저작과 마지막 저작으로서 『글쓰기의 영도』와 『밝은 방』은 행복한 책들이다. 무시무시한 행복, 기회와 숙명 사이에서 무시무시하게 동요하는 행복. 지금 난 롤랑 바르트에 대해 생

4 본디 루이스 옐름슬레우의 기호 분석틀에서 유래한 개념. 기호의 1차 의미화 단계인 '외시dénotation'가 수용자에게 즉각적으로 인지되는 말 그대로의 의미, 보편화된 의미(결국 고착된 기표-기의 간 의미 시스템)라면, 2차 의미화 단계인 '공시'는 여기에 개인적(주관적 감정, 경험, 환경 등), 사회문화적 개입이 더해져 확대 생성된 의미다. 바르트의 관련 논의에 따르면(*S/Z*, Paris: Seuil, 1970의 III, IV 참조) 외시는 '당연한' 1차적 의미가 아니라 그렇기를 주장하는 의미, 달리 말해 '자연'이 되고자 하며 투명성이라는 신화를 통해 자연이 된 의미에 불과하다. 결국 공시가 외시라는 허상을 생산하며, 외시는 '공시의 마지막 단계'에 해당한다는 것이다.

각하는 것이 좋다. 그러는 가운데 슬픔을 통과하는 것이. 오늘의 내 슬픔을, 또 그에게서 항상 느껴진다 생각했던 미소 띤 동시에 지치고, 절망하고, 고독하고, 마음 깊이 그토록 회의적이고, 정묘하고, 세련되고, 에피쿠로스적이고, 늘 단념하면서도 짜증 내는 법 없고, 꾸준하고, 철저하면서도 본질에 관한 한 낙담하는 그의 슬픔을. 슬픔에도 불구하고 난 그를 어떠한 즐김도 포기하지 않고(물론이다) 실제로 그 전부를 스스로에게 준 사람이라고 생각하는 것이 좋다. 이렇게 말할 수 있다면, 더구나 그렇게 확신해도 될 성싶은데, 상을 당한 가족들이 꾸밈없이 두런대듯 얘기해보자. 그는 그 같은 생각을 마음에 들어 했을 것이라고. 이를 다시 풀어 써보자. 바르트가 내 안에 새겨놓은 내 몫의 바르트 이미지, 그러나 결국 우리 둘 중 어느 누구도 정말로 맞출 수는 없는 그 이미지는 현재 내 안에서 그 생각을 마음에 들어 하고, 지금 이 자리에서 그걸 즐기며, 내게 미소를 짓는다. 『밝은 방』을 읽고 나서는, 생전에 직접 뵌 적 없는 바르트의 어머니가 그 생각에 대해 내게, 당시 이 생명을 불어넣고 즐거움으로 활력을 되살리는 모든 것을 향해 그러듯, 미소를 보낸다. 그의 어머니가 그 생각을 향해, 따라서 내 안에서, 왜 아니겠는가, 저 **온실 사진**[5]으로

5 잘 알려진 대로 『밝은 방』에서 바르트를 바로 '이것이 어머니다!' (사토리)라고 알아보게 하는 사진, "유일한 존재에 대한 불가능한 앎"을 "유토피아적으로" 가능하게 하는 사진은 (그저 어머니를

부터, 그가 단지 환했다, 그토록 환했다고만 일컬은 한 시선의 빛나는 비가시성으로부터, 미소를 보낸다.

●

그러니까 나는 처음으로 바르트의 첫 책과 마지막 책을 붙여 읽은 것이다. 욕망이 용인하는 어리석은 믿음으로, 마치 첫 책과 마지막 책을 연속해서 읽는다면, 그것들을 섬에 은둔하면서 들고 간 단 한 권의 책인 양 단숨에 이어 읽는다면 드디어 내가 모든 걸 보고 알게 되리라는 듯이, 삶은 계속되겠지만 (그리고 내게는 읽을 것이 그토록 많이 남겠지만) 아마도 이야기는 하나로 집결되고 저 스스로와 묶여 연결되리라는 듯이, 그 모음집 속에서 **역사**Histoire는 그렇듯 **자연**Nature이 된 채로, 마치⋯

●

나는 방금 **자연**과 **역사**라는 단어의 첫 글자를 대문자로 표기했다. 그는 거의 언제나 그렇게 했었다. 『글쓰기의 영도』에서

> 닮은) 현재 어머니의 초상 사진이 아니라 그녀가 어릴 적 오빠와 함께 온실에서 찍은 것, 바르트가 결코 대중 앞에 내보이지 않은 무구한 다섯 살 어린아이의 사진이다.

는 대단히 빈번하게, 그것도 첫머리에서부터("작가로서 자신의 자유를 아무 채비 없이 언어체의 불투명성 속에 삽입할 수 있는 이는 없다. 언어체를 통해 **역사** 전체가, 하나의 **자연**과도 같이 온전히 통합된 상태로 스스로를 유지하기 때문이다"). 『밝은 방』에서는 한층 더하다("그들이 서로 사랑했다는 걸 아는 난 이렇게 생각한다. 보물과도 같은 사랑이 사라지려 한다. 내가 더 이상 없다면 아무도 그걸 증언하지 못할 테지. 그러면 남는 건 무정한 **자연**뿐이리라. 바로 그 점에서 고통은 그토록 날카롭고 견딜 수 없으며, 그리하여 미슐레는, 홀로 자신의 세기에 맞서서, **역사**를 사랑에 찬 **항의**로 이해한다"). 그런데 나 자신이 모방해서 쓴 이 대문자들을, 그 또한 모방하기 위해서, 인용하기 위해서 즐겨 활용하곤 했다. 즉 그것들은 인용 부호이며("이런 게 사람들이 하는 말이다"), 실체hypostase를 표시하기는커녕 되레 들어내고 덜어내어 가볍게 만듦으로써 이탈과 의심을 표현한다. 이 같은 대립을(그 외에 다른 대립들도) 그는 믿지 않았을 거라고 믿기지만. 이런 문제에서 그는 기실 이행의 시간을 활용했다. 나는 좀더 뒤에서 그가 외견상 완전히 대립되고 또 대립될 만한 개념들을 환유적 구성에 넣음으로써 결국 하나가 다른 하나를 위해 작동하도록 만들곤 했다는 사실을 보여주고 싶다. 그 기법은 모종의 논리를 건드려 자극할 수 있었지만 동시에 가장 강력한 힘을 발휘해 거기에 맞설 수도 있었다. 유희jeu라는 가장 강력한 힘, 다시 말해 작동을 좌절시키면서déjouant 동원하는 저 가벼운 방식을 통해서 말이다.

●

마치 그런 듯이. 나는 두 책을 연달아 읽었다. 마치 그렇게 하면 하나의 고유어가 마침내 모습을 드러내어 내 눈앞에 자신의 음화를 현상하게 되리라는 듯이. 롤랑 바르트의 태도, 걸음걸이, 스타일, 목소리, 어조, 몸짓, 이처럼 막연하게 친숙하여 다른 모든 것들 틈에서 일찌감치 알아볼 수 있는 그의 그 많은 서명이 돌연 제 비밀을, 백주에 갑자기 모습을 드러내는 그 독자적인 특질을 다른 비밀들 뒤에 숨겨진 또 하나의 비밀처럼 내게 넘겨주리라는 듯이(난 '비밀'이라는 말로써 내밀성뿐만 아니라 어떤 모방할 수 없는 행동 방식 또한 지칭하고자 했다). 반면 그러면서도 나는 그가 "단항적 사진photographie unaire"에 대해서 한 말, 단항적 사진이 "찌르는 것"을 "면학적인 것" 속에, 푼크툼punctum을 스투디움studium 속에 밀어 넣어 폐기하는 순간부터 당연히 그것에 반대하며 한 그 말을 얼마나 고맙게 여겼던가. 나는 몽상에 잠겼다. 마치 첫 책에서부터 스스로의 중단이 되고 만 마지막 책에 이르기까지, 선으로 확장되기에 앞서 부단히 스스로를 표명하며 온갖 변천에, 활동 터전의 융기나 이동에, 대상과 자료체와 콘텍스트의 다양성에 다채로이 저항하던 개별성의 점point de singularité[6]이, 그 변하지 않는 것의 고집이 마침내 제 모습 그대로, 일종의 세부를 통해 내 수중에 들어오게 될 듯이. 그렇다, 난 하나의 세부에 계시적 황홀을, 롤랑 바르트에게(그 자신에게, 그 한 사람에게만) 이르는 찰나의 접근을, 그러니까 일체의 노고와 무관한 무상의 접근을 요청했다. 이상을 난 사반세기 동안 이어진 롤랑 바르트의 "주기들périodes"을 가로지르며(그는 『롤랑 바르트가 쓴 롤랑 바르트』에서 이를 "단계들phases"과 "유형들genres"로 구분해놓았다) 나 스스로 안다 싶은, 또 쉽게 알아볼 성싶은 거창한 주제나 내용, 각종 글쓰기의 정리定理나 전략들보다는, 매우 가시적이면서도 (너무나 명백하기에) 숨겨진 한 조각 세부에서 기대했다. 나는 그처럼comme lui 찾았다. 그의 죽음으로부터 글을 쓰는 이 상황에서, 그처럼. 어떤 모방은 의무(자기 안에 그를 담는 일, 자기 안에서 그가 말할 수 있도록 스스로를 그와 동일시하는 일, 그를 현전하게 하는 일, 그를 충실함 속에 재현하는 일)인 동시에 최악의 시도, 가장 무례하며 치명적인 시도다. 증여이자 증여의 철회다. 그러니 어디 선택해보라. 그처럼 나 또한 세부와의 연관 속에서

---

6   'singularité'는 어떤 것이 제 유형 안에서 유일할 수 있도록 해주는 개별적 특성, 독특성을 가리킨다. 형용사형 'singulier'로 사용된 경우 문장 맥락에 따라 '개별적인' '독특한' '단독의' 등으로 옮겼다. 'point de singularité'는 수학 용어 '특이점'으로도 번역되나 여기서는 그 역어를 취하지 않고 직역했다.

롤랑 바르트의 죽음들

독서의 신선함을 찾았다. 그의 텍스트들은 내게 친숙하다. 그와 동시에 나는 그것들을 아직 모른다. 그것이 나의 확신이며, 내게 중요한 모든 글에서 이는 진실이다. '신선함'이란 말은 그의 것이다.『글쓰기의 영도』의 공리 체계에서 그것은 핵심적인 역할을 행사한다. 세부를 향한 관심 역시 그의 것이었다. 벤야민은 편린이나 미미한 기표의 분석적 확대에서 정신분석 시대와 (영화, 사진 등) 기술복제 시대의 교차 현장을 보았다(현상학적일 **뿐만** 아니라 구조주의적인 분석의 제반 가능성을 관통하고 넘어서며 탐색하는 벤야민의 시론과 바르트의 마지막 책은 기술의 현대성에서 이른바 **지시 대상**Référent의 문제를 다룬 두 주요 저작이라 할 수 있으리라). 더구나 『밝은 방』에서 푼크툼은 '세부'라는 말의 가치를 나타내는바, 한 개별성의 점이 재현의 표면에, 심지어 생산의 표면에, 유사성과 닮음과 약호의 표면에 구멍을 낸다는 것이다. 그 점은 구멍을 뚫고, 단번에 내게 도달하며, 날 상처 입히거나 멍들게 한다. 무엇보다 그것은 오로지 내게만 관계된다, 그런 듯하다. 그 점이 내게 향한다는 사실은 그것의 정의 내에 있다. 타자의 절대적 개별성이, 더 이상 내가 그의 이미지 안에 붙들어 맬 수 없는 **지시 대상**이 나를 향한다. 그의 '현전'은 영원히 달아나는데(그 때문에 **지시 대상**이라는 말은 콘텍스트가 그것을 재형성해주지 않을 경우, 곤혹감을 불러일으킬 수도 있다), 그는 이미 과거 속에 묻혔는데도. 동일자의 짜임을 찢는,

체계의 망이나 계략을 찢어내는 고독 또한 날 향한다. 내 쪽으로 고개를 돌리지 않으면서, 결코 내게로 현전하지 않으면서 내게 다다른다는 점에서 그것은 늘 타자의 개별성이다. 그리고 타자는 '나'일 수도 있다. 한때 존재했던, 필시 존재했던 나, 내 사진의 전미래futur antérieur와 전과거passé antérieur[7] 속에 이미 죽은 나 말이다. 나는 내 이름 안에서도 마찬가지 일이 일어난다고 덧붙이겠다. 푼크툼을 내게 건네는, 푼크툼을 날 향해 보내는 이 여격與格 내지 대격對格의 효과는 늘 그렇듯 그저 경미하게 각인되는 듯 보여도, 나는 그것이 문법의 범주에서 핵심적이라고 생각한다. 적어도 그것이『밝은 방』에서 보여주는 작동은 그렇다. 동일한 개념을 설명하는 서로 다른 두 대목을 비교해 볼 때 명백히 드러나는 바는, 내가 푼크툼을 겨냥하는 그 순간과 자리에서 푼크툼 또한 **나를 겨냥**한다는 사실이다. 그런 식으로 구멍 뚫린ponctuée 사진은 날 구멍 낸다point. 동일한 구멍이 제 극히 작은 표면에서 둘로 분할되며, 이 이중의 구멍 뚫기ponctuation가 이내 단항적인 것과 거기서 조직되는 욕망을 파괴한다. **첫번째 제시부**exposition[8]를 보자.

7 　전미래는 미래의 특정 시점에 대해 이미 발생했을 사건의
　　시상을('우리가 도착할 때면 그는 이미 떠났을 것이다'),
　　반대로 전과거는 하나의 과거 사건에 앞서 이미 일어난 사건의
　　시상을('우리가 도착했을 때 그는 이미 떠난 후였다') 나타낸다.
8 　여기서 데리다는 이 단어를 음악 용어로 사용했다. 주로
　　소나타형식에서 하나의 주제 또는 대조되는 둘 이상의 주제적

"그것이 화살처럼 장면을 떠나 나를 관통한다. 라틴어에는 이 상처, 찔림, 뾰족한 도구에 찍힌 자국을 지칭하는 한 단어가 존재한다. 이 단어는 아마도 내게 잘 맞을 듯한데, 이유는 [⋯]"(내가 찾던 건 바로 이런 형태다. 그에게 잘 맞는 것, 오직 그에게만 어울리고 그에게서만 가치를 발휘하는 어떤 것. 그는 여느 때처럼 그에게 다가와 그 자신에게만 어울리는 것, 자신에게 적합한 것, 옷에 대해 말하듯 자신에게 맞춤한 것을 찾는다고 공언한다. 설사 문제 된 것이 한철 유행을 타는 기성복이라 할지라도, 그 옷은 마땅히 어느 유일한 몸의 모방할 수 없는 아비투스habitus[9]에 따라야 한다. 하여, 새것이든 아주 오래된 것이든 철과 유행, 장소, 옷감, 색감, 재단 등을 고려하며 옷 한 벌을 선택하듯 언어의 보고에서 자신의 단어를 고를 것) "[⋯] 이 단어는 아마도 내게 잘 맞을 듯한데, 이유는 그것이 구멍 뚫기와도 관련되고, 실제로 내가 언급하는 사진들은 구멍이 나 있을뿐더러 때로는 이 감지될 수 있는 구멍들로 얼룩져 있기까지 하기 때문이다. 바로 이 자국들, 이 상처들이야말로 구멍들이다. 따라서 스투디움을 교란하러 오는 이 두

요소들이 제시되는 구간을 가리킨다.
9 부르디외의 연구를 통해 본격적으로 확장되고 유명해진 개념이나, 원출처는 1934년 발표, 1936년 출간된 마르셀 모스의 강연문 「신체의 기술Les techniques du corps」이다. 문맥을 감안할 때 데리다는 여기서 모스의 정의, '사회와 전통에 따라 터득되는 자기 몸을 사용하는 방식'을 직접적으로 염두에 둔 것으로 짐작된다.

번째 요소를 나는 푼크툼이라 부를 것이다. 푼크툼은 찔린 자국, 작은 구멍, 작은 얼룩, 조그맣게 베인 상처이기도 하니 말이다. 그것은 주사위 던지기이기도 하다. 한 사진의 푼크툼이란 그 사진에서 **나를 찌르는**(뿐만 아니라 나를 멍들게 하고 내 가슴을 에는) 그 같은 우연이다." 괄호는 작은 사건이나 부차적인 착상을 가두는 역할을 하지 않는다. 많은 경우에 그것은 **방백**으로서 신중하게 목소리를 낮춘다. 이제 다른 대목, 스무 쪽 더 가서 나오는 **다른 제시부**를 보자. "이렇게 일련의 사진들이 내 안에 일깨운 **얌전한 관심들**을 하나하나 점검하고 나자 나는 이런 사실을 확인한 것만 같았다. 나를 끌어당기거나 상처 입히는 세부(푼크툼)에 의해 관통되고 채찍질당하고 얼룩지지 않는다는 점에서 스투디움은 매우 널리 퍼진(세상에 가장 널리 퍼진) 사진의 한 유형을 야기했으니, 그 같은 유형의 사진을 우리는 **단항적 사진**이라 이름 붙일 수 있을 것이다."

●

그의 기법. 스투디움/푼크툼 쌍을 드러내고 작동시키고 해석하는 동시에, 자신이 행하는 바를 우리에게 들려주며 **노트들**[10]을 전달하는 그의 방식. 그것에서 이내 우리는 음악을 듣게 되

10 메모나 주석, 또는 음정. 무엇보다 바르트는 『밝은 방』의 부제를 '사진에 관한 노트'로 달았다.

리라. 이 같은 기법은 정녕 그의 방식이다. 스투디움/푼크툼의 대립, 빗금으로 표시되는 외견상의 대비. 그는 우선 그와 같은 양상이 완만하게, 또 신중하게, 새로운 문맥 속에 나타나도록 한다. 아마도 이 문맥 이전에 그 쌍은 결코 등장할 기회를 갖지 못했을 것이다. 그는 그것들에 그럴 기회를 준다. 또는, 그 기회를 스스로 받아들인다. 그의 해석은 처음에는 약간 작위적으로, 우아하되 겉보기에만 그럴싸한 걸로 비칠 수도 있다. 가령 **구멍**point에서 나를 찌르는 **것**me poindre과 가슴을 에는 **것**le poignant으로 넘어가는 대목이 그렇다. 그러나 그것은 인공물artefact을 부당하게 자연으로 위장하지 않으면서 차츰 스스로의 당위성을 부과하기에 이른다. 이 해석은 책에서 시종일관 스스로의 엄밀성을 입증하고, 엄밀성은 다시 재생산성, 즉 수행적 창의성과 하나가 된다. 그는 해석이 최대치의 의미, 기술적이거나 (현상학적, 구조주의적 혹은 그 이상의) 분석적인 힘을 산출해내도록 한다. 또한 엄밀성은 결코 경직되는 법이 없다. 내 생각에, 바르트의 전 기법을 묘사하려 할 때 없어서는 안 될 범주는 어쨌거나 유연함이다. 유연성의 미덕은 애쓰는 티도, 심지어 지워지는 티조차 내지 않으면서 행사된다. 이론화하는 경우든, 글쓰기나 사회적 교환의 전략을 문제시하는 경우든 그는 그것을 포기하는 법이 없다. 유연성은 그의 필체에서마저 읽힌다. 난 그것을 그가 『밝은 방』에서 자신의 어머니에 관해 말하며 도덕의 한계에, 아니 심지어 그 우위에 놓은 시민적 예의civilité의 지극한 정련으로 이해한다.[11] 글쓰기나 정신을 두고 흔히 하는 말처럼, 묶이는 동시에 풀려날 줄 아는 유연성. 묶일 때건 풀려날 때건 그것은 결코 정확성—혹은 공정성—을 배제하지 않는다. 난 이렇게 상상해보는데, 선택이 불가능할 때조차 그 같은 유연성은 비밀스럽게 그에게 봉사했음이 틀림없다. 그에게서 인공물의 개념적 엄밀성은 내내 유연하고 유쾌하며, 한 권의 책 속에 여일하게 지속된다. 그것은 다른 이들에게도 유용할 테지만, 그러나 아무에게도 빌려주지 않는 도구처럼, 한 도구의 역사처럼, 오로지 자신의 서명자에게만 완벽하게 어울린다. 특히, 또 일차적으로, 이 (스투디움/푼크툼이라는) 외견상의 대립opposition은 두 개념 사이에 일어나는 모종의 **구성**composition[12]을 금지하지 않고 오히려 장려하니 말이다. 이 '구성'이라는 말을 어떻게 이해해야 할까? 이는 두 가지 사실을 의미하며, 더구나 그 둘 역시 다시 타협한다. 우선 1) 넘나들 수 없는 경계로 분리된 두 개념이 상호 중재를 건네고 하나가 다른 하나

11 주55 참조.
12 프랑스어 단어 'composition'에는 (작곡 등의) 창작적 구성, 조립, 합성 같은 일반적 의미가 있으나, 이곳에서는 어원을 살려 '공립,' 말 그대로 '함께 자리하다'라는 의미로도 이해할 수 있을 것이다. 옛 의미는 '타협' '화해'이기도 하다. 이어 바르트에게 적용된 독법에서 짐작할 수 있듯, 데리다가 강조하는 '공립' '타협'의 핵심은 거기서 일어나는 환유적 작동, 대리보충 혹은 유령과 씜의 문제에 있다.

와 더불어 타협하니, 우리는 거기서 이내 **환유적 조작**을 알아보게 될 것이다. 푼크툼의 "미세한 외外화면성hors champ," 푼크툼의 '약호 너머hors code'는 스투디움의 "항상 약호화된" 장과 화해한다. 전자는 후자에 속하지 않으면서 속한다. 전자는 후자 안에 자리매김할 수 없고, 틀에 맞춰진 그 공간의 균질한 객관성 속에 결코 기입되지 않지만, 그럼에도 그 안에 머문다. 아니, 유령처럼 거기에 출몰한다hante고 표현하는 편이 낫겠다. "그것은 대리보충supplément[13]이다. 그것은 내가 사진에 덧붙이는, 그러나 이미 거기에 있는 무엇이다." 우리는 대리보충의 유령적 힘에 사로잡힌다. 이 자리매김할 수 없는 소재지emplacement, 그것은 유령spectre을 야기하는 무엇이다. "**관람객Spectator**은 신문과 책, 화보집, 아카이브 들을 통해 수집된 사

---

13   뒤에 이어지는 문장을 감안해 바르트의 인용문에 등장하는 'supplément' 역시 데리다의 핵심 개념 중 하나인 '대리보충'으로 옮겼다. 실제로 바르트도 같은 맥락에서 용어를 사용한 것으로 보인다. 데리다에 의하면 기원이나 원본은 단순히 선재하지 않으며, 시작은 (목소리와 파롤에 대한 에크리튀르의 대리보충이 그렇듯) 언제나 '이미' 기원의 대리보충이다. 즉 인간의 고유성이라 지칭되는 모든 것은 기실 '대리보충적 차연différance supplémentaire'에 속한다. 기원의 대리보충의 구조는 매우 기이한데, 하나의 가능성이 제가 거기에 '덧붙여지는' 것이라 간주되는 원본을 '사후적으로 생산'하기 때문이다(Jacques Derrida, *La Voix et le phénomène*, Paris: PUF, 1967, p. 99 참조). 따라서 대리보충은 결코 (기표/기의, 에크리튀르/파롤, 선/악 등의) 단순한 이항대립 관계에 있지 않다.

진을 열람하는 우리 모두다. 사진에 찍힌 그 또는 그녀는 표적, 지시 대상, 일종의 작은 시뮬라크르, 그러니까 대상이 방출하는 허깨비eidôlon의 한 종류로, 나는 이것을 기꺼이 **사진의 유령**Spectrum de la Photographie이라 부르고 싶다. 이 단어는 어근이 '광경spectacle'과 연관성을 지니며, 모든 사진 속에 들어 있는 약간은 무시무시한 사실, 즉 죽은 자의 귀환을 덧붙이기 때문이다." 푼크툼이 여전히 스투디움에 이질적이면서도 그것과의 대립을 멈출 때부터, 그래서 여기서 더 이상 둘의 지위, 둘의 내용 내지 사실을 따로 구별할 수 없게 되는 순간부터 푼크툼은 하나의 개념에 온전히 순응하지 않는다. 우리가 개념이라는 말로써 서로 구별되고 대립 가능한 술어적 한정을 일컫는다면 말이다. 개념의 유령 못지않게 이러한 유령의 개념 역시 그 자체로는 거의 포착할 수 없다. 삶도 아니고 죽음도 아닌, 하나가 다른 하나에 씌는 일. 개념적 대립에서 '대對'는 카메라의 셔터 소리처럼 취약하다. "삶/죽음. 이 패러다임은 맨 처음의 포즈와 마지막의 인화지를 구분하는 그 단순한 셔터 소리 하나로 환원된다." 유령들. 다시 말해 동일자 내의 타자, 스투디움 속의 푼크툼, 내 안에 사는 나와 전혀 다른 죽은 자를 이르는 개념. 이 같은 사진의 개념이 매번 개념적 대립을 **사진** 찍고 거기서 씜hantise의 관계를 잡아내는바, 아마도 "논리"의 전체를 구성하는 것은 다름 아닌 그 씜의 관계이리라.

나는 **구성**의 두번째 의미에 대해서도 생각해보았다. 그 결과, 2) 이 두 개념의 유령적 대립, 즉 S/P, 스투디움/푼크툼 쌍에서 구성은 곧 음악이기도 하다. 이 점에서 우리는 「음악가 바르트」라는 긴 챕터 하나를 여는 셈이리라. 주를 하나 달고 (시작 삼아) S와 P라는 이질적인 두 요소 간에 성립하는 유비성의 예를 노트하는 셈이리라. 상술하면, 두 요소 사이에는 더 이상 단순 배제 관계가 성립하지 않고, 푼크툼의 대리보충 supplément punctique이 스투디움의 유령 쎈 공간에 기생한다. 여담으로 조심스레 덧붙이자면 푼크툼은 스투디움에 리듬을 주기 위해, 스투디움을 "운율화scander"[14]하기 위해 온다고 할 수 있다. "두번째 요소가 스투디움을 부수기 위해(또는

14　scansion. 율독律讀. 또박또박 끊어 읽음으로써 분절을 통한 운율을 발생시키기. 스투디움/푼크툼 쌍은 『밝은 방』이래로 잘 알려진 대비 개념이다. 스투디움은 학습, 기존 지식의 근면한studieux 익힘, 따라서 교양과 문화를 습득하는 즐거움에 관련된다. 그것은 근본적으로 모두가 아는 것(예컨대 약호)을 익히고 알아보는 안락감, 집단의 균질함과 동질성에 참여하는 안정된 쾌감이다. 그렇기에 군집성과 상투성에 길드는 것이기도 하다. 그러한 스투디움을 구멍 뚫고 찌름으로써 외화면의 엄습을 초래하고 안온한 의식을 동요시켜 개별적이면서 세부적인 상처의 고통을 자아내는 것이 푼크툼이다. 데리다는 푼크툼의 이 작용을 리듬의 창출과 결부시킴으로써 스투디움/푼크툼에서 단순한 배제, 대립 관계가 아닌 음악적 구성(화해, 타협…)을 읽어내려 하고 있다.

운율화하기 위해) 온다. 이번에는 (스투디움의 장에 내 의식을 극도로 쏟아붓듯) 내가 그것을 찾으러 가는 게 아니라, 반대로 그것이 화살처럼 장면을 떠나 나를 관통한다. 라틴어에는 〔…〕한 단어가 존재한다. 〔…〕푼크툼." 이처럼 운율화의 관계가 표시되면서 같은 페이지 하단에, 다른 장소로부터, 음악이 되돌아온다. 음악이. 좀더 정확하게는 고전음악에서 소나타와 유사한 구성이. 종종 그러듯 바르트는 자신이 밟는 도정을 묘사하는 중이다. 자신이 하는 일을 하면서 그 일에 대해 우리에게 이야기하는 중이다(이게 내가 그의 주석이라고 명명한 것이다). 그는 그 일을 장단을 살려서, 박자에 맞춰en mesure, 점차로 à mesure 해내는 가운데 '절mesure'이라는 고전적 의미 또한 갖춰서 각 단계를 표시해간다〔다른 대목에서 그는 역설하기 위해, 또 아마도 점 대 점,[15] 혹은 점 대 학습으로 유희가 이루어지도록 하기 위해 이탤릭체로 "내 연구의 이 지점에서는"(p. 55)[16]이라고 강조한다〕. 요컨대 그는 겸손과 도전 둘 다인 움직임을 통해, S와 P의 개념 쌍을 현재 진척 중인 텍스트 너머에서 도래해 모종의 일반 철학적 타당성을 정당화하는 본질들로 취급하지 않을 것임을 암시하게 되리라. 그 둘

15 point contre point. 음악 용어 '대위법contrepoint'과 연결될 표현.
16 이 글에서 데리다는 바르트나 블랑쇼를 인용할 때 대체로 출처를 명시하지 않은 반면, 몇몇 인용에서는 이례적으로 해당 페이지를 구체적으로 밝히고 있다.

은 대체 불가한 음악적 구성 안에서만 진실을 담지할 뿐이다. 요컨대 둘은 동기motif들이다. 둘의 자리를 옮기고 싶다 치자. 그것이 가능하고 유용하며 필수라 하자. 그러려면 유비에 근거한 조옮김을 거쳐야 한다. 그렇게 다른 작품, 다른 구성 체계가 독창적이며 대체 불가한 나름의 방식으로 새로이 그 동기들을 이끌어갈 때에만 조작은 성공한 셈이리라. 이런 구절을 보자. "이처럼 **사진**에서 두 개의 주제를 가려낸 후에(결국 내가 사랑한 사진들은 고전적인 소나타와 같은 방식으로 이루어진 것들이었으니까)[17] 나는 그 둘을 서로 연속적으로 다룰 수 있게 되었다."

●

푼크툼이 스투디움에 "운율scansion"을 부여한다는 문제를 재검토해야 하리라. 여전히 스투디움과 전혀 다르면서도 그것과 대립하지 않는 푼크툼, 스투디움을 덧대고 그것과 연결되며 화해하는 이 푼크툼을. 지금 나는 대위법적en contrepoint 구성에 대해, 대위법과 다성음악의 온갖 정교한 형태들에 대해, 푸가에 대해 생각한다.

---

17 소나타형식 제시부와 마찬가지 방식으로 1주제와 2주제, 곧 '푼크툼과 스투디움을 대비적으로 소개한 뒤에'라는 의미(Roland Barthes, *La Chambre claire*, Paris: Gallimard, 1980, p. 49 참조).

온실 사진, 책의 보이지 않는 푼크툼. 이 사진은 그가 보여주는 사진들의 자료체, 그가 드러내 보이면서 분석하는 일련의 예에 속하지 않는다. 그럼에도 그것은 책 전체로 빛을 퍼뜨린다. 그가 그 환함을 묘사하지만 우리는 결코 볼 수 없는 그의 어머니의 시선으로부터 일종의 빛나는 평온이 도래한다. 빛나는 것이 책에 서명하러 오는 상처, 보이지 않는 한 푼크툼과 화해한다. 그 지점에서 그는 더 이상 빛이나 사진에 대해 언급하지 않고, 볼 것은 사라지며, 이제 그는 타자의 목소리, 반주, 노래, 일치accord 그리고 "마지막 음악"을 이야기한다. "혹은 (나는 어떻게든 이 진실을 말하려 애쓰고 있다) 내게 이 **온실 사진**은 슈만이 광기에 빠지기 전에 쓴 마지막 음악, 내 어머니의 존재와 내가 어머니의 죽음에 대해 느끼는 비통 둘 다에 일치하는 「새벽의 노래」 제1곡과도 같았다. 이 일치를 형언하려면 나로서는 일련의 형용사들을 끝없이 늘어놓아야 하리라." 다른 대목에서는, "어떤 의미에서 나는 어머니에게 한 번도 '말을 한' 적이 없다. 나는 한 번도 어머니 앞에서, 어머니를 위해 '설교를 늘어놓은' 적이 없다. 우리는 서로 그런 말을 하지 않고도 언어의 경쾌한 무의미함, 이미지들의 중단이 곧 사랑의 공간, 사랑의 음악이리라고 생각했다. 그토록 강력한 내 내면의 **법**인 어머니를 결국 난 나의 여성적 아이mon enfant féminin로 살아냈다."

●

내가 그를 위해 피하고 싶었던 일은 평가가 아니라(그런 것이 과연 가능할까? 더구나, 바람직할까?) 가장 암묵적인 평가 속에 슬그머니 끼어들어 약호(예의 스투디움)로 되돌아가려 하는 모든 것이었다. 비록 성공하지는 못했지만, 난 그를 위해 경계에서, 경계 가장 가까이에서, 그뿐만 아니라 "중성의" "백색의" "순수한" 글쓰기 너머에서 글을 쓰고 싶었다. 이 마지막 것에 대해 『글쓰기의 영도』는 역사적 새로움과 배반 둘 다를 보여준다. "글쓰기가 정말로 중성적이라면 [⋯] 그 경우에 **문학**은 패배한 것이다. [⋯] 유감스럽게도 백색의 글쓰기보다 더 배반적인 것은 없다. 애초 자유가 있던 바로 그 자리에 기계적 자동성이 생성되며, 굳어진 형태들의 망이 처음에는 신선했던 담론을 점점 더 틀어쥔다." 지금의 문제는 **문학**을 무찌르는 일이 아니다. 관건은 **문학**이 매우 개별적인 상처, 어떤 분명한 상처를 얌전히, 교묘하게 삼켜버리는 걸 저지하는 데 있다(애도에서 벌어지는 온갖 죄책감의 행동, 애도에 불가피하게 따르는 그 모든 광경처럼 견디기 어렵고 희극적인 것도 없다).

그-에게 쓰기Lui-écrire,[18] 자신 안에서 죽은 친구가 스스로의 순수함으로 현전하도록 하기.[19]

지금 이 자리에서 그를 산 자 혹은 죽은 자로 취급하며 거론하는 이중의 가해. 난 그를 위해 그것을 피하고 싶었다. 그에게 그걸 피하게 해주고 싶었다. 두 경우 모두에서 난 왜곡하고, 상처를 입히고, 잠재우거나 죽인다. 하지만 누구를? 그를? 더는 아니다. 그럼 내 안에 있는 그인가? 우리 안에 있는 그? 당신 안에 있는 그인가? 하지만 그게 무슨 말일까? 우리가 우리끼리 남아 있다는 뜻인가? 그건 맞는 말이지만, 그러나 아직은 약간 단순하다. 롤랑 바르트가 우리를 바라본다regarde(우리는 저마다 속으로 이렇게 말할 수 있다, 그의 생각, 그의 추억, 그의 우정이 이제는 오직 나 자신하고만 관계있다regarde고). 우리가 각자 자기 방식대로, 자기 자리와 사연에 따라 그 시선을 처리한다 할지언정, 그것으로 우리가 원

18 이 서두에서 데리다는 이중의 효과를 꾀한 것으로 보인다. 한편으로는 우리 앞에서 '그lui'를 호명하기, 다른 한편으로는 곧이어 '쓰기'가 그를 향하며 '그에게 쓰기lui écrire'가 되도록 하기.
19 'présent'의 두 의미(현전하는, 선물)와 이 단어를 포함하는 관용적 표현 'faire présent de …'(…을 선물하다, 증여하다) 때문에 같은 문장은 '죽은 친구에게 그의 순수함을 증여하기'로 해석할 수도 있다. 주58 참조.

하는 걸 마음대로 만들 수는 없다. 그는 우리 안에 있지만 우리에게 속하지 않으며, 우리는 이를 우리 내면성의 한순간이나 일부처럼 다룰 수는 없다. 그럴 때 우리를 바라보는 그것은 무심하거나, 다정하거나, 무시무시하거나, 세심하거나, 빈정대거나, 침묵하거나, 난처해하거나, 신중하거나, 열렬하거나, 미소 띤 기색이거나, 어린아이이거나, 이미 늙었을 수 있다. 요컨대 그는 그가 쓴 텍스트들이나 우리의 기억이라는 제한된 저장고에서 길어 올릴 수 있는 삶 혹은 죽음의 전 지표를 우리 안에 제공할 수 있다.

●

그에게 피하게 해주고 싶었던 것. 그건 **소설**이나 **사진**이 아니라 그 둘 안에 있으며 삶도 죽음도 아닌 어떤 것이다. 그가 나보다 앞서 말한 어떤 것이다(이에 대해서는 다시 돌아오도록 하겠다—되돌아오겠다는 이 여일한 약속, 이건 이제 그저 구성상의 편의가 아니다). 그걸 피하겠다니, 결코 성공할 수 없을 것이다. 특히 그 **지점**, 그 '점'이 스스로 타자를 향하며 찢어내는 조직 바로 그것에 어김없이 다시 길들고, 그와 함께 스투디움의 베일이 다시 형성되기 때문에 그러하다. 어쩌면 거기에 **도달하지 않는 것**이, 성공하지 못하고 결국 부족과 실패의 정경, 이편의 잘려 나간 광경을 택하는 편이 더 나을까? (죽은 자 앞에 출두해 그에게 사죄하려 하다니, 우스꽝스럽고 어리석으며 그야말로 치기 어린 짓 아닌가. 그것에 일말의 의미가 있을까? 아니면, 그것이 바로 의미의 기원일까? 널 향해 지적질하고 죽은 자를 희롱하는 다른 사람들을 상대로 네가 벌일지도 모를 시비 속에 기원이 있는가? 여기서 문제의 '치기'에 관한 철저한 분석이 필요하리라. 그러나 그걸로 충분치는 않으리라.)

●

두 개의 배반, 불가능한 선택. 한편에는 오로지 자기에게만, 자기 자신의 목소리로만 귀착되는 것은 일절 말하지 않는 방식이 있다. 침묵하든지, 적어도 대위법적으로 친구의 목소리를 동반하거나 뒤따르는 방식. 하지만 그렇게 되면 우정이나 고마움 어린 열정으로 인해, 또한 칭송하는 마음에 의해 인용에 만족하며 상대방에게 귀속된 말을 다소 직접적으로 동행하고 마는 결과가 초래된다. 그에게 발언권을 내주고 그의 말 앞에서 자신을 지워 결국 그의 앞에서 그의 말을 추수하는 현상이 발생한다. 이 지나친 충실성은 결국 아무것도 말하지 않고 아무것도 교환하지 않은 채 끝나고 말리라. 그러면 그는 죽음으로 되돌아간다. 그는 죽음 쪽을 가리키고, 죽음을 죽음으로 돌려보낸다. 그 반대편에는, 롤랑 바르트에게 건네는 바

혹은 그에 대해 하는 말이 정말로 그의 상대방, 즉 살아 있는 친구로부터 오게끔 일체의 인용과 동일시, 하다못해 비교마저 전적으로 피하는 방식이 있다. 그 경우에도 우리가 그를 사라지게 할 위험은 마찬가지다. 이 모든 건 죽음에 죽음을 더해 무례하게 죽음을 복수화하는 일이랄까. 남는 길은 결국 그 둘을 동시에 하거나 하지 않는 것이다. 즉 한쪽의 배신을 다른 한쪽의 배신으로 교정하는 일. 한쪽의 죽음으로부터 다른 한쪽의 죽음으로. 바로 거기서 오는 불안이 내게 하나의 복수형 un pluriel으로 글을 시작하도록 명령한 것일까?

●

내가 이미, 또 종종 **그를 향해** 글을 썼다는 걸 안다('그에게 쓴다' '그에게 건넨다' '그에게 피하게 해준다'와 같이, 난 항상 '그에게'라고 말한다). 이 단상들을 쓰기 훨씬 전부터. 그를 향해. 나는, 그를 향하며, 끈질기게 상기하련다. 존중은, 그러니까 타자에게 가닿을 살아 있는 존중, 살아 있는 관심은 이제 없다고. 이후로는 단지 롤랑 바르트라는 이름에 대해서만 그럴 수 있을 뿐이라고. 너무나 투명해서 즉각 간과하게 되는 자명성, 즉 '롤랑 바르트'는 그걸 더는 들을 수도 지닐 수도 없는 이의 이름이라는 사실 앞에 쉼 없이, 줄기차게 가차 없이 노출되어야 하는 그 이름에만. 그(이름 말고, 그 이름을 지닌 사람)는 이곳의 내가 더는 그의 것 아닌 그의 이름을 발음하며 그에 관해, 그를 위해, 그를 향해, 이름을 넘되 여전히 이름 속에서 말하는 그 무엇도 수신하지 않을 것이다. 살아 있는 관심이 여기 이 자리에서 찢기며 더 이상 그것을 받아들일 수 없는 이, 더 이상 그것을 받아들일 수 없는 것 쪽으로, 불가능 쪽으로 황망히 향한다. 그의 이름이 더는 그의 것이 아니라면, 그런데 그의 이름이 그 자신의 것이었던 적이 단 한 번이라도 있는가? 단순하게, 또 유일하게 그의 것이었던 적이?

●

요행히도, 때로 불가능은 가능이 된다. 마치 유토피아처럼. 그건 그가 죽기에 앞서 스스로를 향해, **온실 사진**을 두고 한 말이기도 하다. 유사성을 넘어서 "그 사진은 내게, 유토피아적으로, 유일한 존재에 대한 **불가능한 앎**을 실현해주었다." 그의 말은 **어머니**la Mère가 아니라 다만 자신의 어머니를 향한 것이었지만, 그럼에도 가슴을 에는 듯한 그 개별성은 일반성을 반박하지 않는다. 개별성은 일반성이 법에 맞먹는 가치를 갖지 못하게 막지 않으며, 그저 화살표처럼 그것을 가리키고 그것에 서명한다. 복수형 단수singulier pluriel. 최초의 언어, 최초의 표시가 시작될 때부터, 이 복수형의 고통 말고 다른 기회, 다른 가능성이 존재할까? 환유 말고 다른 가능성이? 동음

이의어 말고 다른 가능성이? 다른 걸로 고통을 겪을 수는 있어도 말을 하려면, 과연 그것들 없이 말할 수 있을까?

●

가벼이 개별적인 앎mathesis singularis[20]이라 부를 법한 어떤 것. 그를 위해 **온실 사진** 앞에서 "유토피아적으로" 실현되는 것. 그 사진은 불가능하며, 그럼에도 발생한다. 유토피아적으로, 환유적으로, 심지어 언어에 '앞서' 그것ça이 표시를 하는 순간부터, 그것이 쓰는 순간부터.『밝은 방』에서 바르트는 적어도 두 번 유토피아에 대해 말한다. 그의 어머니의 죽음과 스스로 글쓰기에의 의탁으로 간주한 자신의 죽음 사이에 두 번으. "어머니가 돌아가시고 나자 내게는 소위 고등한 **산 자**(인류)의 전진에 나 자신을 맞출 아무런 이유가 없게 되었다. 앞으로 나의 특수성이 보편화되는 일은 결코 없으리라(혹은 유토피아적으로, 글쓰기에 의해서만 그럴 수 있으리라. 글쓰기의 기획만이 이후 내 삶의 유일한 목표가 되어야 했으니까)."

20　　mathesis(또는 mathésis, learning, science)는 수학과 같은 보편학, 보편적 학문 지식의 습득을 가리킨다. '개별적인 앎'이라 칭해진 것이 '유일한 존재'에 대한 '불가능한 앎,' 곧 유토피아적인 앎인 이유가 거기서 기인한다.

내가 롤랑 바르트라고 말할 때, 나는 분명 그 이름 너머 그 자신을 부른다. 그러나 이제 그는 부름에 응할 수 없기에, 지명이 부름이나 말 걸기, 돈호법이 될 수 없기에(이제는 파기되고 만 이 가능성이 한때 그토록 순수할 수 있었다니) 나는 내 안의 그를 부르며, 그의 이름을 거쳐 내 안의, 당신 안의, 우리 안의 그를 향한다. 그라는 사람에 관해 일어나는 일, 말해지는 일은 우리 사이에 남는다. 이 점에서 애도는 시작됐다. 그러나 언제? 그도 그럴 것이, 우리가 죽음이라고 부르는 형언 불가한 사건에 앞서 (내 안의, 당신 안의, 우리 안의 타자라는) 내면성이 이미 제 작업을 개시한 후이니 말이다.[21] 죽음을

21   애도는 산 자가 자신이 상실한 사랑의 대상으로부터 리비도를 거둬들이는 일, 그렇기에 힘겨울 수밖에 없는 슬픔의 '작업'(노동)이다. 애도를 하는 이유는 그렇게 해야 산 자가 그 상실과 함께하면서 상실을 인정하며, 역설적이게도 '기억 속으로' 그 타자를 잊고 다른 대상에 리비도를 재투여하며 자신의 삶을 계속 살아갈 수 있기 때문이다. 물리적으로, 또 상징적으로 타자는 두 번 죽(어야 하)는 셈이다. 애도에서 데리다가 문제 삼는 것은 주체의 기억을 통해 타자가 상징화되고 이상화되는 프로세스, 즉 타자의 타자성을 제거하는 상징적 폭력으로서 주체의 내면화다. 한편, 이에 덧붙여 본문에서는 물리적 죽음에 앞서 이름과 명명이 행하는 내면화, 타자의 물리적 죽음에 선행되는 또 다른 죽음이 문제시되고 있다. 이름이 그 이름을 지닌 이의 죽음을 앞서 초래한다는(더욱이 책을 짓고 글을 쓰는 친구의 이름은 이내 그가 아니라 그의 저서로 환원된다), 나아가 죽음의 복수화 가능성과

또 다른 죽음이 선행했다 해도 될 것처럼, 첫 지명에서부터 내면성은 이미 죽음을 앞서 있다. 그리고 오로지 이름 하나만으로 이것, '죽음들'이라는 복수성이 가능해진다. 심지어 이 죽음들 간의 관계가 그저 유비에 그칠지라도, 그 유비성은 나머지 어떤 것과도 공통의 척도를 갖지 않은 채 개별적이리라. 유비성도 지양relève도 갖지 않는 죽음에 앞서서, 이름도 문장도 지니지 않는 죽음에 앞서서, 그 앞에서 우리가 아무런 말도 못하고 다만 입을 다물어야 할 죽음에 앞서서, 그가 "나의 전적이며 비변증법적인indialectique 죽음"이라 부르는 것에 앞서서, 최후의 죽음에 앞서서, 내면화의 다른 움직임들은 더 강력하면서 덜 강력했다. 결국 다른 방식으로autrement 강력했다. 그것들은 스스로를 더 확신하며 덜 확신했다. 결국 다른 방식으로 확신했다. 왜 더 그러한가. 그 움직임들은 언제나 바깥편에서 '말하는 한 내면성une intériorité parlante'의 경계를 상기시키는 타자의 죽음의 침묵silence de mort de l'autre[22]에 의해 방해받거나 중단된 적이 아직 없기 때문이다. 왜 덜 그러한가. 살아 있는 타자의 등장, 그의 발의권, 그의 대답이나 예상 밖의 끼어듦 역시 그 경계를 상기시키기 때문이다. 살아 있는 롤랑 바르트는 우리가 각자 상상할 수 있는 내용으로 환원되지 않

긴밀히 연계된다는 데리다의 생각은 이 글의 도입부에서도 시사되었다.
22 통상 '죽음 같은 정적'으로 번역되는 관용구. 여기서는 직역했다.

는다. 그는 우리가 생각하거나, 믿거나, 알거나, 이미 우리 스스로 그에 대해 상기할 수 있는 사실로 축소되지 않는다. 그럼 죽고 난 후에는, 그때는 그렇게 되는가? 그렇지 않다. 그리고 미망의 위험은 더 강력한 동시에 더 미약할 것이며, 어쨌거나 다를 것이다.

●

"형언할 수 없는inqualifiable" 역시 그에게 빌려오는 표현이다. 원맥락에서 약간 엇나가는 원용이기는 해도 지금 이 말엔 내가 『밝은 방』에서 읽어낸 바의 흔적이 여전하다. 그 책에서 "형언할 수 없는"은 삶의 한 방식—단출했다, 어머니의 죽음 후 그의 그것은—을 지칭했다. 이미 죽음을 닮은 삶의 방식을. 하나 이상인, 다른 죽음에 선행하며 그것을 미리 모방하는 어떤 죽음을. 여하간 그 같은 삶의 방식은 우발적이었고, 즉흥적이었으며, 측정할 수 없는 바깥으로부터 왔다. 아마도 이 흡사함이 삶의 형언 불가함을 죽음 쪽으로 엇나가도록 허용하리라. 다음의 프시케psyché[23]를 보자. "사람들은 애도가 점진적 작업을 통해 천천히 고통을 지운다고 말한다. 나는 그 말을 믿을 수 없었고 지금도 믿지 못한다. 내게 **시간은** 상실감

23 영혼, 숨, 나비의 한 종류, 그리고 체경體鏡. 대문자로 표기할 경우, 에로스의 사랑을 받아 여신이 된 그리스신화 속 공주의 이름.

을 제거할 뿐(나는 울지 않는다) 그게 고작이니까. 나머지는 변하지 않는다. 내가 잃은 것은 **어머니**la Mère라는 **표상**Figure[24]이 아니라 한 존재이니까. 아니, 한 존재가 아니라 하나의 특질(하나의 영혼)이니까. 그것은 없어서는 안 될 것이 아니라 다른 무엇으로도 대체 불가능한 것이다. 나는 **어머니** 없이 살 수 있었다(우린 모두 다소간 시간을 들여 그렇게 한다). 그러나 내게 남은 삶은 분명 끝날 때까지 **형언 불가한** 채로(특질 없이 sans qualité) 남을 것이었다." "하나의 영혼," 타자로부터 오는.

●

밝은 방은 '카메라 루시다,' 즉 사진의 전신이며 '카메라 옵스쿠라'에 대비되는 그 기계보다 더 많은 것을 말해줄 것이다.[25] 이제 환함이라는 단어가 나타날 때마다 난 그것을 그가 일찍 감치 자기 어머니의 어릴 적 얼굴, "그 얼굴의 환함"에 관해서 한 말과 결부시키지 않을 수 없다. 그는 이내 이렇게 덧붙인

24 또는 (유대교에서 금하듯) 초상이나 조상影像처럼 종교적 숭배물로 굳어진 형상물.
25 바르트의 에세이에서 복합적 함의하에 '그의 어머니'라는 빛의 원천을 가리키는 '밝은 방chambre claire'은 초기 광학 기구의 명칭이기도 하다. 윌리엄 하이드 울러스턴이 고안한 현미 묘화 장치(반투명이사기) '카메라 루시다'를 프랑스어로 그대로 옮긴 표현이다. 이것에 대비되는 장치는 사진의 전신인 '카메라 옵스쿠라'(암상, 직역하면 '어두운 방chambre noire')다.

다. "어머니 손의 순진한 포즈, 어머니가 자신을 드러내지도 감추지도 않으며 온순하게 채운 그 자리."

●

자신을 드러내지도 감추지도 않으며. **어머니**라는 **표상**이 아니라, 그의 어머니. 그는 이 경우에 대해서는 필시 아무런 환유도 찾을 수 없었으리라, 결코 그래서는 안 되었으리라. 사랑은 항의한다("나는 **어머니** 없이 살 수 있었다").

●

자신을 드러내지도 감추지도 않으며. 바로 그 일이 발생했다. 그녀는 이미 행위의 주도권을 일절 쥐지 않으며, 가장 부드러운 수동성에 따라 자신의 자리를 "온순하게" 채웠었다. 그녀는 자신을 드러내지도 감추지도 않는다. 이 불가능의 가능성은 탈선을 일으키고 단일성 전체를 조각내며(그런 것이 사랑이다) 스두니움에 속한 담론들과 이론적 일관성, 온갖 철학을 뒤흔든다. 그런 것들은 현전과 부재 사이에서, 이곳과 저곳, 스스로를 드러내는 것과 감추는 것 중에서 결정을 내려야 한다. 그러나 이곳 또 저곳에서, 유일한 타자인 그의 어머니는 말하자면 나타내지 않으면서 나타난다. 실상 타자는 오로지 사라지면서만 나타날 수 있으니까. 그녀는 그것을 할 줄 "알았다." 무해한 방식으로. 그가 자기 어머니의 포즈 없는 포즈에서 판독한, 한 어린아이의 "영혼"의 "특질"이 바로 그것 아닌가. 거울 없는 프시케. 그는 그 이상을 말하지 않고 아무것도 강조하지 않는다.

●

그는 재차 언급한다. **사진**의 환함, 그 "자명성이라는 힘"을. 사진은 현전과 부재를 함께 지니고, 스스로를 드러내지도 감추지도 않는다. 카메라 루시다에 관한 한 대목에서 그는 블랑쇼를 인용한다. "이미지의 본질은 그것이 내밀성 없는 전적인 바깥이라는 사실에 있다. 그럼에도 이미지는 깊은 내면의 생각보다 더 접근 불가하고 비밀스러우며, 아무 의미 작용을 갖지 않음에도 가능한 의미 전체의 깊이를 불러오고, 밝혀지지 않음에도 명백하며, 세이렌의 매력과 현혹을 구성하는 저 현전-부재를 지닌다."[26]

---

26   Maurice Blanchot, *Le Livre à venir*, Paris: Gallimard, 1959, p. 23.

●

'사진적 지시 대상'의 들러붙음adhérence.[27] 이에 대해 그는 다음과 같이 적절하게 역설한다. 그것은 어느 현재나 실재와 관계하는 것이 아니라, 다른 방식으로 타자와 관계한다. '이미지'의 유형에 따라 매번 상이하게〔문제 된 것이 사진 이미지든 아니든. 하지만 차이들 또한 매우 신중히 고려되는 만큼 이런 주장이 다른 곳에서도, 심지어 많은 곳에서 타당하리라 가정한다 해서 그것 때문에 그가 말한 사진의 특정성이 축소되지는 않으리라. 요점은 사진을 포함해 이미지가 발생하는 어디서나 (지시 관계가 아니라) 지시 대상을 중지시킬 가능성을, 나아가 우리가 그토록 자주 신봉하곤 하는 **지시 대상**의 한 어리석은 개념을 중지시킬 가능성을 인정하는 데 있다〕.

●

간략하고 지극히 예비적인, 상식이기까지 한 소분류를 해보지. 우리를 텍스트들과, 그리고 그것들을 썼다고 추정되거나

---

27   『밝은 방』1부 2에서 바르트는 무엇을 어떤 방식으로 보여주든 사진은 늘 비가시적이며, 따라서 우리가 보는 것은 그것, 즉 사진이 아니라는 점을 지적한다. 그런 후 지시 대상은 (사진에) 들러붙는 것이라고 적는다(*La Chambre claire*, p. 18). 관련 대목은 이 책 pp. 107~108의 인용문을 참조할 것.

지명할 수 있거나 분명히 인정되는 서명자들과 맺어주는 시간에는 적어도 세 가지 가능성이 존재한다. '저자'는 우리가 '그'를 읽기 시작하는 순간에, 나아가 독서가 우리에게 이들 저자의 글에 대해서건 그들 자신에 대해서건, 흔히 말하듯 그들을 주제로 글을 쓰라고 명령할 때에, 가장 일반적인 의미에서 이미 죽었을 수 있다. 그의 생전에 우리가 결코 '알았거나' 만났거나 좋아한(또는 싫어한) 적 없는 이 저자들의 수가 단연코 가장 많다. 이 같은 비-공생a-symbiose은 동시대인이라는 특정 양태를 배제하지 않으면서(그 역도 성립한다) 일말의 내면화, 즉 그 가능성의 폭이 여전히 매우 넓은 일종의 선험적 애도, 요컨대 그것들이 어떤 점에서 별개의 특성을 가지는지 지금의 나로서는 기술하기 힘든 부재의 전 경험 또한 함축한다. 이어 두번째 가능성으로서 우리가 읽는 순간에, 나아가 독서가 우리에게 앞과 마찬가지로 그들을 주제 삼아 글을 쓰라고 명령하는 순간에 살아 있는 저자들이 있다. 동일한 가능성의 두 갈래 분지에 의해 우리는 그들이 생존한다는 사실을 알되 그들과 아는 사이이거나 아닐 수 있으며, 그들을 우연히 만났거나 '좋아했을' 수 있다(또는 싫어했든가). 그 점에 관한한, 상황은 바뀔 수 있다. 우리는 그들을 읽기 시작한 후에 그들과 만나게 될 수도 있고(내게는 바르트와 처음 만났을 때의 추억이 너무나 생생하다) 사진, 서신, 전해 들은 말, 기록물 등 연잇는 수많은 형태가 이후의 변천 과정을 확인케 할 수도 있다. 그다음으로, 역시 우리가 '알거나' 만났거나 좋아했던 등등의 사람들의 죽음에서à la mort,[28] 그들의 사후에 오는 '세번째' 상황이 있다. 보자. 나는 (예를 들어 플라톤이나 사도 요한과 같이) 내가 읽기 훨씬 전에 죽은 저자들에 대해, 또는 그들이 쓴 텍스트의 자취를 따라 글을 쓴 적이 있다. 그런가 하면 내가 글을 쓰는 순간에 생존한 저자들에 대해, 혹은 그들이 쓴 텍스트의 자취를 따라 글을 쓴 적도 있다. 언뜻 보기에 위험 요소가 가장 많은 건 항상 이 경우다. 하지만 내게 불가능하고 옳지 않으며 정당화할 수 없다고 믿긴 것, 아주 오래전부터 나 스스로 다소 비밀스럽지만 결연히(말하자면 엄정성과 충실성이 염려되어, 그리고 이번과 같은 경우엔 너무나 막중해서) 절대 하지 않으리라 다짐한 일은 다름 아닌 **죽음에 닥쳐서** 글을 쓰는 행위다. 죽음 이후에, 죽음이 닥치고 나서 아주 오랜 뒤, 그로부터 회복해서*en revenant* 쓰는 것 말고, 생전에 내 친구였을 테고 그래서 그들에 대해 모종의 '발표'나 심지어 분석, '연구'를 한다는 것이 지금 이 순간 말 그대로 용납 안 될 만큼 내게 현전하는 이들의 죽음에 닥쳐서, **죽음을 계기로** 기념과 존경, '추모'를 합친 글을 쓰는 일 말이다.

─그렇다면 침묵은? 그것은 또 다른 상처, 또 다른 모욕

---

28 이 표현 역시 중의적이다. 관용적으로는 '죽을 정도로, 극도로'라는 뜻이나 여기서는 '죽음에 임해서, 죽음을 계기로'의 의미로, 혹은 읽기에 따라 '죽음에게'라는 뜻으로도 이해할 수 있다.

을 가하는 일 아닐까?

　―누구에게?

　―바로 그게 문제다. 우리는 누구에게 무엇을 증여하는 것인가? 이런 말들을 교환하면서 우리는 대체 무얼 하는 것인가? 무엇에 주의를 기울이는 것인가? 죽음을 무효화하는 일? 아니면 죽음을 유지하는 일? 우리는 채무를 청산하려는 것인가, 깨끗이 정리하거나 해결하려는 것인가? 바깥에, 또 동시에 자기 안에 있는 타자, 타자들을 상대로. 그럴 때 얼마나 많은 목소리가 교차되는가, 얼마나 많은 목소리가 서로를 살피고, 고쳐 말하고, 상대를 탓하고, 격한 감정으로 가슴을 조이거나 침묵 속에 서로의 곁을 지나쳐 가는가? 우리는 종심 평가에 임하려는 것인가? 죽음이 발생하지 않았다고 확신하거나, 반대로 죽음은 돌이킬 수 없는즉 우리는 죽은 자가 귀환하지 않도록 대비가 되었다고 확신하려는 것인가? 그도 아니면 그자를 자신의 동맹으로 삼거나("나와 함께하는 죽은 자") 그를 자신의 곁에, 나아가 자신 안에 두거나, 비밀리에 맺은 계약을 노출하거나, 죽은 자를 찬양함으로써 그를 완전히 끝장내버리거나, 하여간에 문학적이거나 수사적인 수행에 의해 간직될 만한 무엇으로 그를 축소하려는 것인가, 그러한 수행은 개인적이거나 집단적인 '애도 작업'의 모든 술책이 그렇듯 제아무리 분석해도 하염없을 전략들에 의거해 스스로의 가치를 돋보이게 만들 뿐인데도? 더구나 이 '작업'은 여

기서 어떤 문제점의 명칭으로 남는다. 그것이 작업한다면 이는 곧 죽음을 다시 변증법적으로 발전시키리라는 뜻이다. 롤랑 바르트가 "비변증법적"이라 불렀던 그것을("나는 이제 나의 전적이며 비변증법적인 죽음만을 기다릴 수 있을 뿐이었다") 말이다.

●

죽은 자의 일부이듯 나의 일부인 것. '죽음들'이라고 말하는 것은 그것들을 변증법화하는 일일까, 혹은 내가 바라듯 그 반대인 걸까? 그러나 이 자리에서 우리는 바람이 그 어느 때보다 미흡한, 어떤 한계에 봉착해 있다. 애도와 전이.[29] 기억나는

> 29 정신분석에서, "무의식적 욕망이 특정 관계 유형의 틀 안에서 어떤 대상에게 현실화되는 과정."(Jean Laplanche & Jean-Bertrand Pontalis, *Vocabulaire de la psychanalyse*, Paris: PUF, 1967, p. 492) 특히 분석 치료 시 피분석자가 어릴 적 자신에게 중요했던 인물들(주로 부모)의 이미지, 그들에게 느낀 감정과 애도를 분석가에게 투영함으로써 과거 관계를 무의식적으로 재작동시키는 전이 사랑 amour de transfert이 전형적이다. 라캉의 관점에서 전이는 분석가라는 인격을 향한 감정이 아니라 근본적으로 '안다고-가정된-주체 sujet-supposé-savoir' 셋(자크-알랭 밀레르의 상술에 의하면 분석가, 피분석자, 암호화의 힘으로서 무의식) 사이의 관계 구조다. '전이'는 치료에서 매우 중요하나(프로이트), "여러 저자들에 의해 그 외연이 매우 확장되어 한마디로 규정하기 어려운 개념"(Laplanche & Pontalis, 같은 곳)이기도 하다.

데, 리스타와 나눈 한 대화에서 '글쓰기 실천'과 자기-분석이 화제에 오르자 그는 이렇게 말한다.[30] "자기-분석은 전이적이지 않습니다. 이에 대해 아마도 정신분석학자들은 동의하지 않을 수도 있겠지만요." 아마도. 어쩌면 자기-분석에도 여전히 얼마간의 전이는 있을 것이다. 특히 그것이 글쓰기와 문학을 거칠 때는, 분명코. 그러나 그때 전이는 다른 방식으로 작동한다. 혹은 더욱더 작동한다. 그리고 그 작동의 차이가 여기서는 핵심적이다. 글을 쓴다는 가능성에 비겨볼 때, 우리에게는 전이에 대한 다른 개념이 필요하다. (그런데 일찍이 전이에 대한 개념이 있기는 했나?)[31]

30 Jean Ristat(1943~2023), 프랑스 시인. 문예지 『프랑스 문학 Lettres françaises』의 편집장을 지냈다. 바르트의 위 발언이 확인되는 두 사람의 대담 '모르는 것이 아무러한 것은 아니다'는 1971년 1월 20일 프랑스퀼튀르 라디오 방송에서 공개됐다(대담록은 Roland Barthes, "L'inconnu n'est pas le n'importe quoi," in *Œuvres complètes* IV, éd. Éric Marty, Paris: Seuil, 2002, pp. 401~12에 수록됨. 이하 전집 인용 시 *OC*에 권수 번호를 붙여 표기). '자기분석 autoanalyse'은 꿈의 해석, 자유연상과 같은 정신분석학적 수단에 의거해 스스로를 분석하는 치료 기법을 말한다. 리스타와의 대화에서 잠시 이 주제가 등장했을 때 바르트는 처음엔 '자기분석'으로("해독과 자기분석의 기작에서 지나치게 빨리 거세 문제로 이르지 않는 편이 낫습니다"), 리스타의 대답("글쓰기 실천은 자기분석의 움직임과 뗄 수 없습니다")에 이은 첨언(본문 인용구)에서는 자신의 견해(차)를 분명히 하려는 듯 '자기-분석 auto-analyse'으로 표현했다.

31 '전이' 개념에 대한 데리다의 문제 제기와 관련해서는 이 책 p. 134의 본문 하단 괄호 속에 담긴 데리다의 고찰을 참조할 것.

앞에서 '죽음에서' '죽음을 계기로'라 불린 바, 다시 말해 일련의 전형적 해법 전체. 최악의 해법들. 또는 그 해법들 각각에 들어 있는 비천하고 터무니없으며 그럼에도 그토록 빈번히 저질러지는 최악의 일. 예컨대 이와 같은 행위다. 또다시 조작하고, 투기하고, 교묘한 것이든 숭고한 것이든 모종의 이득을 갈취하고, 죽은 자에게서 보충적인 힘을 끌어와 산 자들에게 대항하는 데 돌려씀으로써 살아남은 자들을 다소간 직접적으로 고발하고 모욕하는 일. 일체의 의혹으로부터 보호받는다는, 죽음이 타자에게 부여한다고 추정되는 차원을 스스로에게 허용하고 승인하며 그 정도 높이까지 스스로를 승격하는 일. 그런가 하면, 분명 그보다 덜 심각하긴 해도, 다음과 같은 행위들도 있다. 작품 전체 또는 유증된 작품 일부를 다룬 에세이를 헌정하는 일, 어떤 주제를 놓고 고인이 된 저자라면 틀림없이 그것에 관심을 보였으리라는 확신에 차서(마치 그의 취향이나 관심사, 기획 등에 더 이상 예상외의 것은 있을 수 없다는 듯) 장광설을 늘어놓는 일. 그 같은 취급은 또한 제가 진 빚을 표시하려 들고, 그 못지않게 그것을 청산하려고도 할 터이며, 그렇게 우리는 맥락을 검토해 적절한 말들을 짜 맞추기에 이르리라. 예를 들어 지금처럼, 『포에티크』지의 지면을 빌려 문학과 문학 이론의 공적 영역에서 바르트의 작품

이 수행해왔고 앞으로도 꾸준히 수행할 막대한 역할을 강조하면서(이는 적법하고 마땅히 해야만 하는 일이며, 따라서 나는 그 일을 하고 있다). 그리고 나서, 왜 아니겠는가, 바르트에 의해 가능해졌으며 바르트로부터 영향받은(우리 안에서 그의 기억이 이 주도권을 인정한다) 훈련에 가담하듯 한 장르나 담론의 약호 분석 또는 사회적 시나리오의 제반 규칙 분석에 나서면서. 비록 까다롭기 이를 데 없으나 미망에서 깨어난 연민이라 할 것에 힘입어 결국 스스로를 무장 해제하던 그 특유의 주의 깊은 세심함을 우리도 우리의 분석에 기울이면서. 그는 그처럼 약간 무심하고 우아한 태도로 무장을 풀며 시합을 포기하곤 했다(그래도 난 때로 그가 윤리나 신의의 문제로 분노하는 걸 목격한 적이 있다). 그러면 어떤 '장르'를 분석하는가? 예를 들어 현 시대에 우리에게 추도사 역할을 하는 것을. 아마도 우리는 신문이나 라디오, 텔레비전 방송을 통해 발표된 언명들의 자료체를 검토하리라. 그 반복 빈도나 수사적 제약들, 각종 정치적 쟁점의 조성 양식, 개인과 집단을 이용하는 방식, 입장을 취하거나 협박하고 겁주거나 화해를 도모하기 위한 각종 구실들을 분석해보리라(나는 사르트르의 타계 당시 한 주간지가 벌인 일을 생각한다. 그 주간지는 고심 끝에 든 단순히 여행 중이어서든 아무 말도 남기지 않은 극소수의 사람들, 요컨대 그런 계제에 필요한 말을 하지 않은 이들의 사진을 구해 비판의 대상으로 공격한바, 그들 모두는 아직도 사르트르를 두려워한다는 제하에 비난을 받아야 했다). 고전적 유형의 추도사에는 장점이 있었다. 특히 죽은 자를 직접 호명하고 때로 그를 '너tu'라 부르며 친근하게 말을 걸었다는 점에서 그러했다. 물론 이와 같은 것은 대리보충적 허구이며, 그렇듯 내가 불러 말을 거는 이는 항상 내 안의 죽은 자, 또는 관 주변에 둘러선 다른 이들일 따름이다. 그럼에도 이러한 수사법의 고조는 그 희화적 효과를 통해 적어도 우리가 더 이상 우리에게만 머물러서는 안 된다는 사실을 드러냈다. 산 자들끼리의 거래를 중단시켜야 한다. 타자를 향해, 우리 안의 죽은 타자를 향해 베일을 찢어야 한다. 한때 타자는, 그리고 사후의 삶에 관한 종교적 확약은 이 "마치 …인 듯"에 정당성을 인정해줄 수 있었던 것이다.

●

롤랑 바르트의 죽음들. 그의 죽은 남녀들, 이미 죽었으며 필시 그 죽음이 그에게 깃들어 내면 공간에 중대한 장소와 심급의 위치를 잡고 비석들의 방향을 정했을 그의 가족들(그 마지막이자 아마도 첫 시작으로서 그의 어머니). 또 그의 죽음들. 그가 복수로 겪은 그것들, 그가 하나로 엮어야 했을, "전적이며" "비변증법적인" 죽음에 앞서 헛되이 "변증법화"하려 시도해야 했을 죽음들. 우리 삶에서 늘 끝나지 않는 무시무시한 연속을 형성하는 그 죽음들. 그는 그것들을 어떻게 "살아냈"을까? 이보다 더 대답이 불가능하고 금지된 경우는 없다. 그런데 최근 몇 년 동안 어떤 움직임이 재촉된 바 있고, 마치 그가 '내게 시간이 얼마 남지 않았음을 느낀다'라고 말하기라도 하듯, 난 거기서 일종의 자서전적 가속을 느꼈던 것 같다. 따라서 나는 흡사 사유와 같이, 또 죽음과 같이 고유어를 추모하며 시작되는 그 죽음의 사유를 먼저 살펴보지 않을 수 없다. 생존 작가로서 그는 그 자신에 의한 롤랑 바르트의 죽음 하나를 썼다. 결국 그는 그의 죽음들을 쓴 셈이다. 죽음에 관한 그의 텍스트들, 죽음에 대해서, 이렇게 말할 수 있고 또 기실 그런 것이 있다면 **죽음**이라는 주제에 대해서 그가 이동하는 가운데에도 그토록 변치 않는 집요함을 보이며 쓴 그 모든 것은. **소설**에서 **사진**에 이르기까지, 1953년 『글쓰기의 영도』에서 1980년 『밝은 방』에 이르기까지, 어떤 죽음의 사유가 모든 것을 움직임이 되도록, 그보다 여행이 되도록, 일체의 닫힌 체계들과 지식들, 새로 부상한 과학적 실증성의 너머로 향해 가는 횡단의 일종이 되도록 만든다. 신흥한 과학적 실증성의 참신함은 그에게 항상 계몽주의자Aufklärer와 발견자의 면모를 촉발했지만, 그것은 단지 일시적 과도기, 그의 실천 덕분에 이후 없어서는 안 될 것이 될 일정 공헌이 이루어지는 시기에만 그랬을 뿐이다. 게다가 자신의 공헌이 그처럼 필수 불가결해졌을 때 그는 이미 다른 곳에 있었다. 속내를 열고 그 사실을 말하면서 그는 주도면밀한 겸손을 지켰다. 가열한 엄격성과 비타협적 윤리가 자신이 고지식하게 감내하는 숙명적 특이체질에 불과하다고 설명하는 예의를 말이다.『밝은 방』의 첫머리에서 그는 자신이 늘 겪는 "불편"에 대해 생각하며 그걸 이렇게 표현한다. "두 언어, 즉 표현적 언어와 비평적 언어 사이에서 흔들리는 주체로 있는 것. 비평적 언어 안에서도 다시 여러 담론 사이에, 사회학과 기호학 그리고 정신분석학의 담론 사이에 있는 것. 그런데〔나는 속으로 생각하기를〕궁극적으로 이것들 하나하나에 느끼는 불만에 의해 나는 내 안에 있는 유일하게 확실한 것을 입증한다(한데 그건 얼마나 순진해 빠진 사실인지). 일체의 환원적 체계에 대한 격렬한 저항이 바로 그것이다. 과연, 한 언어를 어느 정도 사용하다 보면 그 언어가 단단하게 굳는 것이, 그런 식으로 환원과 질책이 되어가는 것이 감지되곤 했다. 그러면 나는 살그머니 그 언어를 떠나 다른 언어를 찾았다. 그리고 다른 식으로 말하기 시작했다." 이 같은 횡단의 너머란 최근 20년간 사람들이 말해왔듯 **지시대상**이라는 거대한 곳, 필시 그 거대한 수수께끼일 것이다. 정확히 그 지점에서 죽음은 한갓된 게 아니다(아마도 이 문제에 대해서는 다른 어조로 되돌아와야 하리라). 어쨌거나『글쓰기의 영도』에서부터 문학 너머가 문학으로, 문학적 "현대성"으로 이해된다. 스스로를 생산하는 동시에 스스로의 사라짐을 제 본질로 생산하는 문학, 스스로를 보이는 동시에 감추는 문학(말라르메, 블랑쇼…), 이 모든 것이 **소설**을 거쳐 가니, "**소설**은 하나의 **죽음**이다." 인용하면, "현대성은 모종의 불가능한 **문학**의 추구와 더불어 시작된다. 이렇듯 우리는 현대 예술 전체에 고유한, 파괴하는 동시에 부활시키는 장치를 소설에서 발견한다. 〔…〕 **소설**은 하나의 **죽음**이다. 그것은 삶을 운명으로, 기억을 유효한 행위로, 지속을 통제되고 의미 작용을 하는 시간으로 만든다." 사진의 현대적 가능성은(여기서 사진이 예술이냐 기술이냐는 별로 중요하지 않다) 동일한 체계 안에 죽음과 지시 대상을 결합하는 데 있다. 그것이 첫 사례는 아니다. 그 같은 결합이 재현 기술과, 또는 간단히 말해 기술과 본질적 관계를 맺기 위해 **사진**의 등장을 기다리지는 않았다. 그러나 사진 장치가 제공하는 즉각적 증표, 그것이 제 뒤에 남기는 **흔적**의 구조는 환원 불가능하며 지워지지 않는 본래적 사건에 해당한다. 언어와 문학, 그 밖의 예술에서 **지시 대상**(또는 종종 희화적이기까지 한 단순화 작업을 거쳐 '지시 대상'이라는 폭넓고 모호한 범주로 분류되는 바)의 전면적 중지에 관해 몇 가지 진부한 정리定理를 허용하는 듯 보이던 모든 것에 이는 실패를 의미한다. 실패까지는 아니더라도 어쨌거나 한계나 다름없다. 적어도 푼크툼이 공간을 찢는 순간에, 지시와 죽음은 사진 속에서 굳게 맺어진다. 한데 이를 지시라 해야 할까, 아니면 지시 대상이라 해야 할까? 여기서 이 관건에 상응하는 정교한 분석이 요구된다. 그리고 사진은 그 분석을 시험한다.[32] 즉 사진에서 지시 대상은 가시적으로 부재하고, 중지 가능하며, 제 사건의 이미 지나간 단 한 번l'unique fois passée 속으로 사라져 있다. 그러나 이 지시 대상에의 지시는 —이를 (책에서 바르트가 마침 현상학에 기대므로) 지시의 지향적 움직임이라 일컫자—또한 유일하며 변함없는 지시 대상의 '한때-존재했음l'avoir-été'을 환원 불가능한 방식으로 함축한다. 그것은 '죽은 자의 귀환'을 제 이미지와 그 이미지 현상의 구조 자체 안에 내포한다. 이는 다른 유형의 이미지나 담론, 말하자면 일반적인 흔적 표시에서는 발생하지 않는 일이다. 어쨌거나 그것들에서 지시의 함축과 형태는 전혀 다른 양상과 우회를 거치지, 위와 동일한 방식으로 발생하지는 않는다. 『밝은 방』은 사진이 야기하는 "질서 교란"의 원인이 그 지시 대상의 "유일한 한 번"에 있음을 첫머리에서부터 강하게 밝힌다. 재생되거나 복수화되지 않는 단 한 번. 재생 횟수나 심지어 제작상 기교에 상관없이, 그 지시적 함축이 **그대로 곧장** 필름의 각 상photogramme의 구조 자체에 기입되는 단 한 번. 그로부터 "여기 이 자리에 줄곧 현전하려는 **지시 대상의** 고집"이 유래한다. "**사진**은 늘 제 지시 대상을 저와 함께 데려간다고 할 수 있으리라. 둘 모두 사랑 또는 죽음의 동일한 부동성에 똑같이 얽어맞은 채로. 〔…〕 요컨대 지시 대상은 들러

---

32 '시험'을 의미하는 프랑스어 'épreuve'에는 '인화'라는 뜻도 있다.

붙는다. 이 독특한 밀착은" 더 이상 여기 이곳에 (현전하며, 살아서, 실재로 등등의 방식으로는) 없음에도 그것의 '한때-거기에-존재했음*l'avoir-été-là*'이 필름의 상에 대해 내가 맺는 관계의 지시적 또는 지향적 구조 일부를 현재적으로 형성한다는 점에서, 지시 대상의 귀환은 정녕 유령 씜hantise의 형태를 띤다. 그것은 '죽은 자의 귀환'이다. 필름 각 상의 공간 자체 내에 일어나는 유령적 도래는 방출이나 발산의 그것과 흡사하며, 이미 환각 유발적인 환유의 일종이다. 내 안에, 내 앞에 발견되는, 그뿐만 아니라 내 안에 나의 일부로 거하는 타자(지시 대상)의 어떤 것, 타자의 한 조각이 그것이니까(과연 이 지시적 함축은 지향적인 동시에 노에마적noématique[33]이다. 또한 지각 가능한 신체나 필름 상이 맺히는 감광지에 속하지도 않는다). 더구나 "표적" "지시 대상" "대상이 방출하는 허깨비" "**유령**"은 나일 수도 있다. 내 사진 속에서 본 나 자신이 그런 경우다. "하여 그럴 때 나는 극미한 죽음의 경험(괄호로 묶이는 경험)을 한다. 나는 정말로 유령이 된다. **사진가**는 그 점을 잘 안다. 그 스스로도 (상업적인 발로에서이기는 하지만) 자신의 동작을 통해 나를 방부 처리하게 될 그 죽음을 두려워

---

33   후설 현상학에서 의식이 본질적으로 '어떤 것에 대한 의식'이라면, 노에마는 의식이 지향하는 대상적 측면을 가리킨다. 의식의 작용적 측면인 노에시스에 의해 의미 통합이 진행될 때, 의식 영역에 나타나는 내용.

한다. […] 나는 그야말로 **전-이미지**Tout-Image, 다시 말해 **죽음**의 화신이 되었다. […] 결국 사람들이 찍는 내 사진 속에서 내가 겨냥하는 바(내가 사진을 바라보는 그 "지향")는 다름 아닌 **죽음**이다. **죽음**이 거기 그 **사진의 본질**eidos[34]이다."

●

그 같은 관계에 견인되어, 그 관계의 선에 의해 당겨지고 이끌려(끌림Zug, 관계Bezug 등), 유령적 지시 대상에의 지시에 의해, 그는 주기들과 체계들, 유행들, "단계들" "유형들"을 통과했고 그 각각의 스투디움에 자국을 내고 구멍을 뚫었다. 현상학과 언어학, 문학의 보편 지식mathésis littéraire, 기호학, 구조 분석 등을 가로지르면서. 그 학문들의 필연성 또는 비옥한 생산성, 그 비판적 가치, 그것들의 빛이라니, 한데 그가 취한 최초의 움직임은 그것들을 알아보고 독단주의에 맞서 그 방향을 돌리는 것이었다.

---

34   고대 그리스의 회의론자들이 사용한 용어. 특히 후설에게 이는 판단 중지epochē 및 현상학적 환원을 통해 도달할 수 있는, 다양한 구체적 지각 밑에 깔려 있는 존재의 참 알맹이를 뜻한다.

●

이어 하려는 얘기는 우화가 아니다. 은유는 더욱더 아니다. 그저 내가 기억하는 사실인데, 나는 바르트와 단둘만의 시간을 여행하면서 제일 많이 가졌다. 때로는 면 대 면으로, 다시 말해 서로 마주 보면서(예를 들어 파리에서 릴이나 보르도로 향하는 기차 안에서), 때로는 통로를 사이에 두고 나란히 앉아서(예를 들어 1966년, 파리-뉴욕-볼티모어를 횡단하면서). 우리가 여행한 시간은 어쩌면 동일하지 않았을 것이다. 그와 동시에, 동일했을 것이다. 이 두 가지 절대적 확실성을 있는 그대로 받아들여야 한다. 그런데 내가 한 편의 이야기를 건네고 싶거나 그렇게 할 수 있다 치더라도, 그에 대해서는 내게 비친 대로(목소리, 음색, 집중하거나 방심할 때의 모습, 앞을 주목하거나 다른 데로 주의를 돌리는 그만의 예의 바른 방식, 얼굴, 손, 복장, 미소, 시가, 이 자리에서는 묘사가 불가능하므로 달랑 호명만 하는 그 많은 특징을) 말할 수 있다 하더라도, 설령 내가 그때 벌어진 일의 재현을 시도할지라도, 대체 유보réserve의 몫으로는 어떤 자리를 마련할까réserver? 그 거대한 폭의 침묵들에는? 신중함의, 회피의, 해봤자 소용없어서 관둔 말의, 피차 너무 잘 아는 것이라서 안 한 얘기의, 서로 영영 모르는 채로 남는 어떤 것의 그 암묵적 발화non-dit[35]에는 대체 어떤 자리를? 상대방의 죽음 뒤에 홀로 남아 얘기를 계속하나, 대강 최소한의 짐작을 하고 최소한의 해석을 감행하는가. 그런 일이 내게는 허황된 비방이나 모욕으로, 그러면서 그에 대한 의무로도 느껴진다. 난 그걸 이행할 수 없으리라. 어쨌거나 지금 이 자리에서는. 후에 다시 돌아오겠다는 기약만 여전할 뿐이다.

●

동시대인이라는 것을 어떻게 믿어야 할까? 역사적 연대 추정, 사회 지평 등의 용어들을 통해 규정된 동일 시대에 속한 듯 보이는 자들을. 그들의 시간들이 무한히 이질적일 뿐만 아니라 솔직히 말해 서로 아무 관계도 없다는 사실을 지적하기는 쉬우리라. 한데 우리는 그 사실을 십분 느낄 수 있는 동시에, 또 다른 차원에서, 어떤 차이나 분쟁도 위협할 수 없는 '함께-있음l'être-ensemble'에 큰 관심을 가질 수도 있다. 우리의 경험 속에서 이 같은 함께-있음은 동질적인 방식으로 배분되지 않는다. 주요 분기점들, 커다란 응축의 지점들이 있는가 하면, 강력한 평가의 자리들, 사실상 피하기 어려운 결단이나 해석의 도정들도 존재한다. 법은 그 지점에서 발생하는 듯하다. 함께-있음은 그것에 의거하며, 거기서 스스로를 알아본

---

35 가령 속생각처럼, 명시적 언어 표현으로 발화되지 않은 말.

다. 비록 거기서 구성되지는 않을지라도 말이다. 우리가 흔히 생각하는 것과 반대로, 가장 피할 수 없는 지대들zones les plus incontournables에 거주하는 개인 '주체'들은 권위적 '초자아'들이 아니다. 이 주체들은 어떤 권력을 행사하지 않는다. 우리가 우리 마음대로 행사하는 것이 **권력**이라 친다면 말이다. 그 지대들이 없어서는 안 될 것이 되고 만 이들(그건 무엇보다 그들 자신의 내력이니까). 마치 그런 사람들처럼 그들은 그곳에 거주하며, 거기서 지휘하기보다는 하나의 욕망, 어떤 이미지를 포착할 뿐이다. 이는 오히려 권위를 버리는 모종의 방식이고 일종의 자유이며, 공공연하게 자신의 유한성과 관계 맺는 일이다. 그리고 이 사실이 그들에게, 이는 침울하고 가혹한 역설인데, 그처럼 가중된 권위를 안긴다. 다시 말해 그들이 없는 곳, 그로부터 그들의 유령이 결코 되돌아올 리 없는 곳에 유령이 배회하게끔 하는 발현과 현전을, 요컨대 늘 우리로 하여금 다소 잠재적으로 '그 혹은 그녀라면 어떻게 생각할까?'라고 자문하게 하는 무언가를 그들에게 부여한다. 선험적으로든 제반 상황에 따라서든 우리에겐 그것이 옳다고 인정해줄 의향이 없는데도, 어떤 판결을 고대하거나 흠 없는 명석함을 신봉하지 않는데도, 구하기도 전에 하나의 평가나 시선, 정동으로부터 지레 이미지가 부과된다. 그럴 때 과연 누가 누구에게 그 '이미지'를 건네는 것인지 알기는 쉽지 않다. 끈기 있게, 끊임없이 이 건넴의 모든 도정을 기술할 수 있다면 좋으련만. 특히 그 지시가 글쓰기를 거칠 때, 그로써 건넴이 그토록 잠재적이고, 비가시적이고, 복수적이며, 분할되고, 미시적이고, 유동적이고, 무한소하고, 게다가 거울 같고(요청은 흔히 상호적으로 일어나며 그러면 도정은 더욱더 갈피를 잡을 수 없게 되니까), 점적이고ponctuel, 그래서 스스로 그처럼 강력하고 다양하게 행사되는 순간에도 외견상으로는 무효화되어 0에 도달하기 직전이라면 더욱더 그렇다.

●

롤랑 바르트는 친밀감 깊은 속에서 결국엔 내가 거의 알지 못하는, 내가 그의 책들을 전부 읽었을 리 만무한, 다시 읽고 이해하고 등을 했을 리 없는 한 친구의 이름이다. 필경 내 마음의 첫 움직임은 가장 빈번하게는 찬동, 연대 그리고 인정과 같은 것이었다. 하지만 늘 한 점point 예외 없이 그러진 않았던 것 같다. 이 사실이 별로 중요하지는 않지만 이런 애도문 장르에 지나치게 굴복하는 걸 피하려면 말해야 한다. 내게 그는 20년 남짓한 세월 동안 거의 늘, 명시적으로든 아니든 현재형, 과거형, 미래형, 조건법 따위로 다음의 질문을 하게 되는 사람 중 하나였으며, 여전히 그렇다고 할 수 있다. 그러면 어떻게 생각할까. 특히 글을 쓸 때 그렇다. 이 말을 하지 말아야 할 이유가 있을까, 이 사실이 누구에겐들 새삼스러울까. 해서

나는 이 얘기를 아주 오래전, 한 편지를 통해 그에게 한 적이 있다.

●

나는 '찌르는 것' 쪽으로, 한 벌을 이루는 두 개념으로, 그 대립 아닌 대립으로, 다시 말해 푼크툼/스투디움 쌍이라는 유령 쪽으로 다시 돌아온다. 내가 그리로 되돌아오는 이유는 푼크툼이 개별성의 점을, 유일한 것을 향한 담론의 횡단을, 한때 있었으되 더는 없을 것이며 그런데도 돌아오지 않을 것으로서 돌아와 재현하는 이미지에 죽은 자의 귀환을 그대로 각인하는 대체 불가능한 타자로서의 '지시 대상'을 말하는 것처럼 보이기 때문이다. 아니, 바르트 자신이 그걸 말하도록 두는 것처럼 보이기 때문이다. 내가 그리로 되돌아오는 이유는 롤랑 바르트가 나를 '찌르는' 것의 이름, 혹은 여기서 내가 말하고자 서투르게 애쓰는 무언가를 '찌르는' 것의 이름이기 때문이다. 또한 내가 그리로 되돌아오는 이유는 그가 이 가상 대립simulacre d'opposition을 과연 어떤 식으로 다뤄 거기에 자신의 고유한 서명을 했는지 보여주어야 하겠기 때문이다. 그는 먼저 푼크툼의 절대적 환원 불가능성, 말하자면 지시계le référentiel의 유일성을 부각시킨다(나는 지시와 지시 대상이란 용어 중 하나를 선택하지 않아도 되도록 '지시계'라는 단어를 사용하고자 한다. 사진에 들러붙는 것은 제 실재성의 현전 효과를 발휘하는 지시 대상 그 자체라기보다, 지시 내로 연루되는 그것의 '유일-했음l'avoir-été-unique'이란 특질일 것이기 때문이다). 푼크툼의 이질성은 준엄하다. 푼크툼의 독자성originalité은 오염이나 양보를 용납하지 않는다. 한데 다른 대목, 다른 계기에서 바르트는 또 다른 기술記述 조건인 현상학적 규약을 받아들인다. 『밝은 방』은 또한 하나의 현상학으로도 제시되는 것이다. 그는 리듬을, 보다 정확히 말해 대위법적이라 부를 수 있을 음악적 구성에 요구되는 리듬을 받아들인다. 실제로 그에겐 푼크툼이 그것 자체가 아니라는 사실을 인정할 필요가 있으며, 이 인정은 양보가 아니다. 푼크툼이라는 이 절대적 타자는 동일자와, 다시 말해 자신의 반대항이 아니라 절대적 타자인 그것과 타협한다. 동일자 및 스투디움의 장소와 말이다(이 장소는 이항대립의 경계이면서 스투디움 자체가 남용할 수 있는 구조 분석의 경계이기도 할 것이다). 푼크툼이 그것 이상이자 이하의 것이며, 하여 모든 것에 대해서, 또 그 자체로 비대칭적이라면, 그것은 엄밀히 말해 제가 속하지 않는 스투디움의 장을 침범할 수 있다. 푼크툼이 외화면이고 약호 너머임을 기억하자. 대체 불가능한 개별성과 유일한 지시계의 장소인 푼크툼은 사방으로 확산되며, 무엇보다 놀랍게도 환유에 참여한다. 그처럼 대체의 릴레이에 연관되는 순간부터 푼크툼은 대상이든 정동이든 모든 것을 침범할 수 있다. 화면 속 어디에도 없는 이 개별적인 것이 이제 사방에서 모든 것을 동원하며 스스로를 복수화한다. 사진이 유일한 죽음, 유일한 이의 죽음을 말하면 이내 그 유일한 죽음은 반복되며, 바로 그렇게 그것은 스스로 다른 곳에 있는 다elle est elle-même ailleurs.[36] 나는 푼크툼이 환유에 연관된다고 했다. 그런데 아니다. 푼크툼은 환유를 초래한다. 그것이 푼크툼의 힘이다. 아니, 푼크툼의 힘이라기보다 (푼크툼은 현실화된 구속을 행사하지 않으며 전적으로 유보적이므로) 그것의 가능태dynamis[37]다. 바꿔 말해 푼크툼의 역량, 그것의 잠재력, 심지어 그것의 은닉과 잠복이다. 바르트는 힘(잠재적인 것이든 유보적인 것이든)과 환유 사이에 성립하는 이 관계를 구성 틈틈이 지적하는데, 이를 나는 부당하게도 다음처럼 축약해서 인용할 수밖에 없겠다. "비록 섬광 같긴 해도, 푼크툼에는 다소 잠재적인 확장의 힘이 있다. 이 힘은 종종 환유적이다."(p. 74) 좀더 뒷부분에서는, "나는 지극히 즉각적이고 예리한 푼크툼이 그럼에도 모종의 잠복을 순순히 받아들일 수 있음을 방금 깨달았다(단, 결코 검토examen는 받아들이지 않는다)."(p. 88) 이 환유의 역량과 핵심적인 관계를 맺고 있는 것은 푼크툼("그것은 대리보충이다")과 그로부터 그것의 온

---

36   '그것은 그 자체가 다른 곳이다'로 이해할 수도 있다.
37   또는 잠재태. 아리스토텔레스 철학에서 힘의 현실적 실현을 일컫는 '현실태energeia'의 대對개념.

움직임을 받아들이는 스투디움 간의 대리보충적 구조다. 비록 그럴 때 스투디움은 "검토"로서 푼크툼이라는 구멍의 주변을 도는 데 만족해야 하지만 말이다. 그 후로 이 두 개념의 관계는 동어반복적이지도, 대립적이지도, 변증법적이지도, 대칭적이지도 않다. 그것은 대리보충적이며 음악적(대위법적)이다.

●

푼크툼의 환유. 터무니없어 보이는 표현이지만, 그럼에도 말을 허락하는 건 그것이다. 푼크툼의 환유가 유일한 이에 대해, 그에 관해, 그를 향해 말하도록 허락한다. 그것이 유일한 이와 이어주는 선線을 배출한다. 그가 보여주지도 감추지도 않으면서 말하는 **온실 사진**은 책 전체의 푼크툼이다. 이 유일한 상처의 흔적은 그 자체로는 어디에서도 볼 수 없지만, 그것의 위치 지을 수 없는 환한 빛(그의 어머니의 눈에서 발하는 그 빛)은 연구의 전체를 밝힌다. 그 환함은 이 책을 하나의 대체 불가능한 사건으로 만든다. 반면 오로지 환유적인 힘만이 담론에 어떤 보편성을 보장하고, 분석에 그 보편성을 제공할 수 있으며, 그로써 개념들의 준-도구적 사용을 제안할 수 있다. 그렇지 않다면, 그녀를 전혀 알지도 못하는데, 우리가 어떻게 **자신**의 어머니에 대해, 단순히 **어머니**나 어느 어머니가 아니라 그녀라는 유일한 어머니, "그날" 그 사진에 찍힌 어머니에 대해 이야기하는 그의 말에 온통 마음이 흔들릴 수 있겠는가? 어떻게 그것이 우리의 가슴을 엘 수 있겠는가, 어떤 환유적인 힘이, 동일화의 움직임에 쉽게 섞여들지 않으면서, 거기서 작동하지 않는다면? 타자성은 거의 훼손되지 않은 채로 남으며, 그것은 조건이다. 나는 그의 자리에 대신 들어서지 않는다. 그의 어머니를 내 어머니로 대체하려 들지 않는다. 내가 이렇게 할 때 나의 감동은 오로지 관계-없음sans-rapport의 타자성으로부터, 환유의 역량이 절대 지우는 법 없이 줄곧 내게 환기시키는 그 절대적 유일성에서만 비롯될 수 있다. 자신의 어머니였던 이와 **어머니**의 **표상**을 혼동하는 일에 항의하는 그는 타당하다. 그리고 환유의 역량(일부분으로 전체를 이르기, 또는 하나를 다른 이름으로 나타내기 등)은 언제나 이 관계-없음의 관계 속에 그 둘을 기입하게 되리라.

●

롤랑 바르트의 죽음들. 이 복수형의 다소 무례한 난폭함 때문에 내가 유일한 이에게 대항을 시도했다고 생각할 사람들도 있으리라. 내가 그의 죽음을 피하려, 부정하려, 지우려 들었다고. 또 보호나 항의의 표시로, 그의 죽음을 원망하며 그것을 다름 아닌 스투디움적 환유의 과정에 내주고 말았다고. 어쩌면 그랬을 수 있다. 하지만 달리 어떻게 말하겠는가, 그 위험을 감수하지 않고서. 유일한 것을 복수화하지 않고서, 그가 지닌 가장 대체 불가한 것, 즉 그 자신의 죽음까지도 일반화하지 않고서, 어떻게? 더구나 그 자신이 최후의 순간까지 몸소 자신의 죽음에 대해, 환유적으로 스스로의 죽음들에 대해 말하지 않았던가? 결정 불가한 "말하기와 침묵하기" 사이 주저의 핵심을 언급하지 않았던가? (특히 『롤랑 바르트가 쓴 롤랑 바르트』에서. 그런데 이야말로 더할 나위 없이 환유적인 제목이고 서명이다.) 우리는 말하면서 침묵할 수 있기까지 하다. "내가 가질 수 있는 유일한 '생각'은, 이 최초의 죽음 끝자락에 나 자신의 죽음이 기입된다는 그것이다. 그 둘 사이에는 기다리는 일 말고 더는 아무것도 없다. 내게는 '아무 할 말이 없음'에 대해 말한다는 아이러니 외에 다른 방편이 없는 것이다." 그보다 앞에서는, "끔찍한 사실은 이것이다. 내가 가장 사랑하는 이의 죽음에 관해, 그 사람의 사진에 관해 아무 할 말이 없다는 것."

●

「우정」. 같은 제목의 책[38] 마지막 몇 페이지에 해당하는 이 글

38 블랑쇼의 『우정』에는 제사로 우정에 관한 바타유의 두 구절이 인용되며, 맨 끝에 바타유의 죽음(1962) 이후 그의 기억('망각')에

에 관한 한, 우리는 어떤 것도 왜곡할 권한이 없다. 블랑쇼와 바타유를 맺어준 바는 유일했으며, 「우정」은 그것을 단호히 개별적인 방식으로 말한다. 그럼에도, 가장 가슴을 에는 글쓰기의 환유적 힘이 우리가 그 페이지들을 **읽도록** 내버려둔다. 그 페이지들을 그것들의 본질적 유보 바깥으로 끌어내 전시한다는 뜻이 아니다. 그 글 스스로 결코 개봉하지 않는 것, 보여주지도 감추지도 않는 것을 우리가 생각하도록 내버려둔다는 말이다. 그 관계의 절대적 개별성 안으로 들어갈 수 없으면서, 단지 블랑쇼만이 그 사실을 쓰고 그렇듯 홀로 바타유에 대해 말할 수 있었다는 점을 잊지 않으면서, 아마도 이해하지 못하면서, 어쨌거나 알지 못하면서, 그러면서도 우리는 그 자리에 쓰이는 무언가를 생각할 수 있다. 우리는 인용할 수 있어서는 안 되리라. 그러나 나는 인용의 폭력을, 더구나 필연적으로 일부가 잘려 나가는 인용의 폭력을 아래에 무릅쓰겠다.

이 친구에 대해, 어떻게 말하는 행위를 감수할 수 있을까. 칭송도, 모종의 진실에 대한 관심도 아닐 수 있으려면, 어떻게. 그의 성격적 특징들, 삶의 여러 형태, 생의 갖가지 일화, 그 스스로 무책임할 정도로 책임감을 느끼던 연구와 조화마저 이뤘던 그것들은 이제 아무에게도 속하지 않는다. 증

> 부친 동명의 짧은 텍스트 「우정」이 실려 있다. Maurice Blanchot, *L'Amitié*, Paris: Gallimard, 1971.

인이 없다. 가장 가까운 이들은 다만 그들에게 가까웠던 것을 이야기할 뿐 그 근접성 속에 표명된 앎은 말하지 않으며, 앎은 앎대로 현전이 멈추는 순간부터 멈춘다. 〔…〕 우리는 그저 공허를 채우려 할 뿐 고통을, 다시 말해 이 같은 공허의 표명을 견디지 않는다. 〔…〕 우리가 말하는 모든 것은 오로지 다음의 유일한 표명을 가리려 할 따름이니, 모든 것은 지워져야 하고, 우리는 기억의 전부를 내던지는 우리 안의 어떤 것이 이미 가담 중인 이 지워짐의 움직임을 지켜봄으로써만 여전히 충실할 수 있다.(『우정』, p. 326)[39]

●

추적해보면 『밝은 방』에서 **강도**intensité라는 가치(가능태, 힘, 잠복)의 경로는 새로운 대위법적 방정식으로, 푼크툼의 대체 효과, 즉 환유 자체에 대한 새로운 환유로 향한다. 시간이 바로 그 환유다. 절대적 한순간을 다른 한순간으로 대체하기 위한, 대체 불가한 것을 대체하고 유일한 지시 대상을 그와 전혀 다르면서 여전히 동일한 순간인 또 다른 지시 대상으로 대체하기 위한 궁극적 방편이 시간 아니겠는가? 시간은 환유 전체의 점적 형태[40]이자 힘, 결국 환유의 **중심**이 아닌가? 다음

39 블랑쇼의 원저에서 「우정」은 텍스트 전체가 이탤릭체로 되어 있다.
40 여기서 '점적'으로 번역된 단어 'ponctuel'은 '점'과 '시간'을

대목passage에서는 한 죽음에서 다른 죽음으로, 다시 말해 루이스 페인의 죽음에서 롤랑 바르트의 죽음으로 이행passage이 일어나는데, 그럴 때 그것은 마치 (이렇게 말해도 된다면, 무엇보다) **온실 사진**을 경유하는 듯하다. 또한 **시간**의 주제에 따라 그리하는 듯하다. 결국엔 무시무시한 통사. 거기서 나는 먼저 S, P 간의 경유에 부여되는 독특한 일치를 포착한다. "사진은 아름답고, 청년 또한 그러하다…" 그러면서 한 죽음에서 다른 죽음으로의 이행이 다음과 같이 일어난다.

> 지금 나는 '세부' 말고 또 다른 푼크툼(또 다른 상처)이 존재한다는 것을 안다. 이제 형태가 아니라 강도인 이 새로운 푼크툼은 바로 **시간**이다. 시간은 ("그것은 있었다ça a été"라는) 노에마의 가슴을 에는 강조이자 그 순수한 재현이다. 1865년 젊은 루이스 페인은 미국 국무장관 윌리엄 H. 수어드의 암살을 기도했다. 알렉산더 가드너가 독방에 감금된 페인의 사진을 찍었다. 거기서 그는 교수형을 앞두고 있다. 사진은 아름답고, 청년 또한 그러하다. 이는 스투디움에 속한다. 하지만 푼크툼은 다음의 사실이다. 그는 곧 죽을 것이다. 나는 이를 동시에 이렇게 읽는다. 그것은 일어날 것이고 일어난 것이다. 나는 두려운 심경으로 죽음이 판돈으로 걸

아우른다. 점의 양상을 가리키는 동시에 '시간을 지키는,' 혹은 '그때그때의'라는 시상을 포함한다.

린 전미래를 관찰한다. 사진은 내게 포즈의 절대 과거(아오리스트 시제aoriste[41])를 제공하면서 미래형으로 죽음을 말한다. 나를 찌르는 것은 이 같은 등치의 발견이다. 내 어머니의 아이 모습 사진 앞에서 나는 생각한다. 어머니는 죽을 것이다. 나는 위니컷의 정신병 환자처럼 **이미 발생한 파국**[42]

---

[41] 고대 그리스어의 동사 시제 중 하나. 명확한 시점을 밝히지 않는 과거 시제(무정 시제 또는 부정 과거)로, 프랑스어에서는 단순 과거passé simple가 이에 해당한다. 어떤 일이 단순히 일어났음을, 즉 그저 절대적으로 '이 일이 발생했음'을 나타내는 시상인 아오리스트는 그리스어에서 종결된 과거 사실, 역사적 사실을 기술할 때 사용되기도 하고, 불변의 진리나 법칙을 표현하기도 하며, 서간문에서 수신자가 편지를 읽을 시점에 이미 발생한 사건이 되어 있을 일을 나타내기도 한다. 프랑스어에서는 첫번째 기능을 단순 과거가, 세번째처럼 미래의 어느 시점에 이미 완료되어 있을 행위를 나타내는 역할을 전미래 시제가 담당한다.

[42] 「붕괴의 공포Fear of breakdown」(1974)에서 도널드 위니컷의 고찰은 이러하다. 모든 정신병 환자는 공포증 환자다. 이때 공포란 자신과 자신을 보호하고 사랑해주는 구조가 깨어질지도 모른다는 '붕괴에 대한 공포Angst vor dem Zusammenbruch'이며, 환자가 보이는 이상 증세와 발작은 그 붕괴를 막으려는 방어이고 저항이다. 한데, 사실 환자가 겪는 붕괴에 대한 공포는 그가 '이미 겪은' 붕괴에 대한 공포다(즉 그가 미래로 투사하는 공포는 원래의 고통을 기억하려는 그의 무의식과 관계된다). 바르트는 『사랑의 단상』 곳곳에서 위니컷을 인용하는데, 가령 「고통」의 끝부분에서는 환자의 삶을 공포심으로 좁혀는 이 붕괴가 실은 이미 일어난 일임을 때로 환자 자신에게 말해줄 필요가 있다는 위니컷의 구절을 인용한 뒤 이렇게 덧붙인다. "이는 사랑의 불안에서도 마찬가지인 듯하다. 사랑의 불안은 그 기원에서부터, 그러니까 내가 마음을 빼앗긴 그 순간부터 이미 일어난 애도에

에 몸을 떤다. 거기 찍힌 이가 이미 죽었든 아니든, 모든 사진은 바로 그와 같은 파국이다.

좀더 뒤에서는, "사진에는 항상 내 미래의 죽음이라는 절대적 징조가 들어 있다. 그렇기에 각각의 사진은, 비록 겉보기에는 산 자들의 들뜬 세계에 멀쩡히 매달려 있는 듯 보여도, 실은 일체의 일반성 너머에서(그러나 일체의 초월성 너머는 아니다) 와 우리 각각을, 빠짐없이 하나하나 호명하는 것이다."

●

시간. 즉각적인 것 l'instantané의 환유, 스스로의 한계 자체에 의해 자성磁性을 띠는 이야기의 가능성. 그 장치의 기술적 현대성을 놓고 볼 때, 사진의 즉각성은 더 오래된 즉각성, 그러니까 일반적인 '테크네'의 가능성과 결코 무관하지 않지만 그보다 오래된 즉각성의 가장 인상적인 환유에 불과할지도 모른다. 우리는 차이들에 대해 대단히 신중하게 주의를 기울이는 동시에 일체의 표지에서 푼크툼을(반복과 되풀이가 이미 그것을 구조화한다) 말할 수 있어야 한다. 문학적인 것이건

> 대한 공포다. 누군가가 내게 이렇게 말해줄 수 있어야 하리라. '더 이상 불안해하지 마라, 너는 그 사람을 이미 잃었으니까.'"("Agony," in *Fragments d'un discours amoureux*, Paris: Seuil, 1977, p. 38)

아니건, 담론 전체에서 그럴 수 있어야 한다. 우리가 고지식하게 '현실주의'를 표방하는 모종의 지시주의로 만족하지 않는 한, 우리를 끌어들여 지극히 얌전하고 면학적인 우리의 독서에 활기를 불어넣는 것은 바로 유일하고 대체 불가능한 지시 대상과 맺는 관계다. 단 한 번 발생한, 그러나 발생과 동시에 이미 『파이돈』이나 『피네간의 경야』 『방법서설』, 헤겔의 『대논리학』, 「요한묵시록」, 말라르메의 「주사위 던지기」 같은 대상 앞으로 조준된 목표를 따라 분화해가는 그것과 맺는 관계다. 이 환원 불가능한 지시계를, 사진 장치는 대단히 강력한 융합 téléscopage[43]을 통해 우리에게 상기시킨다.

●

환유적인 힘, 바로 그것이 지시를 유지하는 가운데 지시 자질 trait référentiel을 분할하고 지시 대상을 중지시켜 그것을 욕망하도록 둔다. 환유적인 힘은 가장 충실한 우정 속에서 작동한다. 그것은 도달할 목적지의 초상을 치르지만, 또한 그 목적지의 가담을 촉발하기도 한다.

---

43   구체적으로는 강한 충돌에 의해 서로 포개어지고 교착되는 현상.

●

우정. 두 개의 제목, 즉 책의 제목과 이탤릭체로 표기된 마지막 헌정문의 제목 사이에서, 다시 이 제목들과 제사(두 차례에 걸쳐 "우정"을 언급한 바타유의 "인용문") 사이에서, 교환은 여전히 환유적이다. 그러나 거기서 개별성은 힘을 잃지 않는다. 그 반대다.

> 나는 책들이 있음을 안다. 〔…〕 책들 자체가 하나의 생을 일깨운다. 그러나 더는 현전이 아닌 그 생은 이제 이야기 속에서, 그중에서도 최악인 문학의 이야기 속에서 펼쳐지기 시작한다. 〔…〕 사람들은 '모든 것'을 출판하려 한다. '모든 것'을 말하려 한다. 마치 모든 것이 말해져야 한다는 단 하나의 조급함만이 존재한다는 듯. 마치 '모든 것이 말해졌다'라는 사실이 드디어 우리에게 죽어버린 말을 멈추게끔 허락하리라는 듯. 〔…〕 우리와 가까운 이가 살아 있는 동안만큼은 그가 스스로를 표명하는 생각, 곧 그의 생각이 그 자신과 더불어 우리를 향해 열리며, 열리되 그 관계 자체 안에 보존된다. 그 생각을 보존해주는 것은 단순히 삶의 변화무쌍함뿐만 아니라(이런 것은 얼마 되지 않을 수도 있으리라) 끝의 기이함이 그것 안에 도입하는 어떤 예측 불가능한 측면이다. 〔…〕 나는 조르주 바타유가 자신의 책들에서 스스로에

대해 거침없이 자유롭게 말하는 것처럼, 그래서 우리도 덩 달아 전혀 조심하지 않아도 될 것처럼 보인다는 점도 안다. 그러나 그 자유는 우리에게 그의 자리를 대신할 권리도, 그가 부재할 때 대신 말할 권한도 주지 않는다. 더구나, 그가 자신에 대해 말하는 것이 확실한가? 〔…〕 우리는 절대적으로 중요한 무언가가 우리와 맺어주는 이들을 알기를 포기해야만 한다. 내 말은 이런 뜻이다. 그들이 우리에게 그러듯 우리 또한 모르는 자와의 관계 속에서, 우리의 몫 속에서 그들을 받아들여야 한다.

●

이 마지막 행들에 날짜(1980. 9. 14~15)[44]를 표시하고 싶은 욕망은 어디서 오는 걸까? 날짜는, 더구나 그건 언제나 약간은 서명이나 다름없어서, 중단의 우발성이나 무의미함을 통고한다. 사고가 그렇고 죽음이 그렇듯, 날짜는 바깥으로부터 '그날'이라 부과되는 듯 보인다(그러면서 거기에 일치된 시공간, 출판의 배경 경위 등이 부여된다). 하지만 날짜는 필경 또 다른 중단에 대해서도 말한다. 그 중단은 더 핵심적이거나 더 내

44 즉 데리다 자신의 원고 진행과 관련된 날짜. 바르트가 사망한 지 6개월 지난 이 무렵 "마지막 행들"에 다다른 텍스트는 이듬해 9월 『포에티크』지에 실린다.

적이지는 않되 스스로를 동일한 중단의 또 다른 영역, 또 다른
사유라 고한다…[45]

●

책 두 권과 함께 은둔한, 약간은 섬에서 지낸 듯한 체험에서
돌아온 오늘, 나는 다른 책들(특히『롤랑 바르트가 쓴 롤랑 바
르트』)과 이런저런 잡지에 실린 사진들만 들여다본다. 사진
과 친필에서 눈을 뗄 수 없다. 내가 계속 찾는 게 뭔지 모르겠
다. 여하튼 그걸 난 그 자신의 육체라는 측면에 연결해서 찾고
있다. 그것과 관련해 그가 보여주고 말하는 바를, 또 어쩌면
그가 숨기는 바, 자신의 글쓰기에서 스스로 볼 수 없었던 바

45 데리다는 종종 날짜의 중요성을 강조했다. 이 주제와 관련해서는
파울 첼란의 시학에서 깊은 영향을 받았다. 가령『쉬볼렛: 파울
첼란을 위하여』에서 그는 날짜를 '타자의 시간'이라는 패러다임
자체로 간주한다. "마치 특정 날짜에à la date 쓴다는 것이 어느
일시, 모일 모시에 쓴다는 뜻일 뿐만 아니라 그 날짜에게, 그 날짜를
향해서 쓴다는 의미이기도 한 것처럼, 지나간 날짜에 대해서나
기약된 날짜에 대해서나 타자에게 그러듯 그 날짜를 지망하며se
destine à la date 쓴다는 뜻이기라도 한 것처럼."(*Schibboleth: pour
Paul Celan*, Paris: Galilée, 1986, p. 21. 강조는 데리다의 것) 날짜는
단순한 시간 표시를 넘어 '반복 불가능한 것을 반복하기'라는
아포리아 속에 역사적 사건의 유일무이한 고유성을 지시하고
담보하는 한편, 공동체의 기억과 증언에 기여한다. 이는 날짜에
의해 과거의 기억이 현재로 소환되거나 미래의 시간으로 개방될 수
있으리라는 말로도 풀이할 수 있을 것이다.

를. 사진들에서 나는 '세부'들을 찾는다. 아무런 환상이나 만족감 없이, 그런 것 같다, 그가 『밝은 방』의 말미에서 말하듯, 그런 것 같다, 나를 보지 않으면서 바라보는 무언가를 찾는다. 나는 사람들이 기본적 글쓰기[46]라고 믿는 바를 둘러싸고 일어나는 동작들을 상상해보려 애쓴다. 예를 들어, 그는 이 아이들이며 노인들의 사진을 다 어떻게 선택한 걸까? 언제, 또 어떻게 뒤표지의 이 일화, 아들의 죽음을 언급하는 마르파[47]

46 이 글에서는 데리다가 주의를 기울인 바르트의 첫 저서 『글쓰기의 영도』의 제목을 고려해 용어 'écriture'를 '글쓰기'로 옮겼다. 초기 바르트가 언어학과 기호학, 문학사회학의 자장 안에서 구상한 이 개념은 기성 규약의 총체로서 부과되는 언어체(랑그)나 작가 개인의 문체를 넘어, 쓰는 이가 속한 역사적, 사회적 맥락에서 선택되고 행해지는 형식 실천을 일컬었다. 후기 바르트에서는 손이 필기구를 쥐고 표면 위에 글자의 궤적을 그려가는 행위로서 "쓰기scription"가 강조되고, 신체와 근육, 제스처와 리듬의 측면이 중요해진다("Variations sur l'écriture"(1973), in OC IV, p. 267 참조). 반면 해당 대목에서 '기본적 글쓰기'라 옮긴 'écriture essentielle'은 데리다 자신의(또 바르트 역시 거부하지 않을) '에크리튀르' 정의에 가깝다 보는 편이 타당하겠다. 데리다에게 목소리에 대비되는 '에크리튀르'는 기실 문자적 기록 이상의 것으로, 문자에 앞서는 모든 종류의 흔적 내기의 움직임을 포괄한다.

47 11세기 티베트 불교의 성인. 경전의 번역을 통해 불교 부흥을 이끈 주요 인물로, 바르트가 『밝은 방』 뒤표지에 옮긴 일화는 다음과 같다. "마르파는 아들이 죽임을 당하자 크게 동요했다. 그의 제자 하나가 물었다. '스승님께서는 늘 모든 것이 허상illusion이라고 말씀하셨습니다. 그렇다면 아드님의 죽음은 어떤지요, 이 역시 허상이 아닙니까?' 그러자 마르파는 답했다. '물론이다. 다만 내

의 말을 기억해 두게 된 걸까? 『롤랑 바르트가 쓴 롤랑 바르트』 표지 안쪽, 검은 바탕 위의 이 흰 글줄들[48]은 또 어떻게?

●

같은 오늘, 어떤 이가 내게 (편지lettre[49]라기보다는, 단 한 문장으로 된) 메모를 가지고 온다. 24년 전, 오늘과 거의 똑같은 날짜에 내게 보내질 예정이었으나 전달되지 않은 메모다. 그것은 본디 어느 여행의 하루 전날, 매우 특이한 책—오늘날에도 여전히 나는 읽을 수 없는 소책자—증정본에 딸려 왔어야 했다. 그 동작이 무슨 이유에서 중단되었는지 나는 안다. 아는 것 같다. 그것은 붙들린retenu 것에 가깝다(기실은 다른 책 속에 끼이고 만 작은 책). 마치 중단 자체의 기억을 보존하듯. 이 중단은, 심각한 동시에 가벼운 이유들에서, 나로서는 내 인생의 전부라 부르고 싶었을 무언가에 깊이 관계되어 있

> 아들의 죽음은 극도의 허상super-illusion이니라.'"
48 쇠유판 『롤랑 바르트가 쓴 롤랑 바르트』의 앞·뒤표지 안쪽 면에는 검은 바탕에 흰 글씨로 바르트의 친필 문장 몇 줄이 발췌되어 있다. 앞표지 안쪽 면의 원문을 옮기면 "이 모든 것은 소설의 한 등장인물에 의해 말해지는 것으로 간주되어야 한다." 뒤표지 안쪽 면의 내용은 다음과 같다. "그다음엔?—이제 무엇을 쓰는가? 당신은 여전히 무언가를 쓸 수 있을까?—사람은 자신의 욕망으로 쓴다. 그리고 나는 욕망하기를 멈추지 않는다."
49 뒤에서 이 단어는 '문자'의 의미로서 관용구와 함께 변주를 겪는다.

었다. (오늘, 즉 내가 **동일한** 여행을, 내 말은 같은 장소를 향한 여행이라는 뜻이다, 떠나기 바로 전날에 수령한) 메모는 그걸 내게 보내려던 이가 죽고 나서 오랜 시간이 흐른 후 우연처럼 다시 발견되었다. 모든 것이 내게 지극히 가깝다, 이 필체와 서명의 형태, 심지어 단어들까지도. 그런 한편 또 다른 중단은 내게 이 모두를 아무 의미 없는 작은 여행 필수품viatique[50]만큼이나 멀고도 읽을 수 없는 것으로 만든다. 물론이다. 하지만 그 중단 속에서, 되돌아오는 타자l'autre revenant가, 정말로 되돌아오는 타자가 내 안에서 나를 향한다… 종이는 24년 묵은 접힌 자국을 간직하고 있고, 나는 누군가의 푸른 글씨를 읽는다(나는 점점 더 글씨의 색에 민감해져간다. 어쨌거나 그 사실을 전보다 잘 안다). 그가 어느 날 차 안에서 죽음 이야기를 꺼내며 이런 말을 한 적이 있는데, 나는 그 말을 자주 떠올린다. "그것이 내게 곧 닥칠 걸세." 정말 그렇게 되었다.

●

그건 어제 일이었다. 또 다른 기이한 우연이 겹쳤다. 오늘 미국에서 한 친구가 내가 읽은 적 없는 바르트의 글(「에드거 앨런 포의 콩트 한 편에 대한 텍스트 분석Analyse textuelle

---

50   이 단어는 노자나 여행 필수품 외에 '노자성체'(임종 전 마지막 영성체)를 의미하기도 한다.

d'un conte d'Edgar Poe」(1973), 『기호학적 모험 *L'Aventure sémiologique*』) 복사본을 보내준 것이다. 이 글은 나중에 읽을 것이다. 하지만 언뜻 "훑어보면서" 나는 다음의 내용을 추린다.

은유를 문자로 전환하는 것에 언표 행위의 또 다른 물의가 있다. '나는 죽었어!'라는 문장이 발화되는 건 실제로 흔한 일이다. 〔…〕 그런데 은유를 문자로 전복하는 일은, **정확히 말해 바로 이 은유의 경우에는 불가능하다**. 문자에 의거해 selon la lettre[51] '나는 죽었다'라는 언표 행위가 제 권리를 상실하기 때문이다. 〔…〕 고로 이 예는 말하자면 언어의 물의에 해당한다. 〔…〕 문제 되는 것은 수행적 발화이되, 분명코 J. L. 오스틴이나 뱅베니스트의 분석에서 예견된 바 없는 유형의 수행적 발화다. 〔…〕 '나는 죽었다'라는 미증유의 문장은 결코 믿을 수 없는 언표*énoncé incroyable*가 아니다. 그것은, 훨씬 더 근본적으로, **불가능한 언표 행위***énonciation impossible*다.[52]

51   또는 '문자 그대로literally' '문자에 따라, 문자에 응해서according to the letter.'
52   바르트의 해당 분석은 *OC* IV, pp. 413~42에 들어 있다. 바르트가 분석한 포의 작품은 「M. 발데마르 사건의 진실The Facts in the Case of M. Valdemar」(1845)로, 주인공은 죽음을 지연하기 위한 최면요법 상태에서 사망한다. 그 후에도 최면은 지속되며, 그는 여전히 자는 중인지 묻는 작품 속 '나'에게 문제의 언표를 발화한다. "그렇소, 아니, 잤지요, 지금 나는 죽었소." '나중에

●

일찍이 이 불가능한 언표 행위, '나는 죽었다'가 실로 발생한 적이 있던가? 그가 옳다. 그것은 "문자에 의거해" "권리를 상실"한다. 그럼에도 사람들은 그것을 이해하고, 이른바 그 "문자적littéral" 의미를 듣는다. 비록 그러고 나서 그것이 발화라는 행위의 수행 면에서는 당연히 불가능하다고 선언하게 될지라도 말이다. 그는 저 '문자'를 참조하면서 무슨 생각을 했을까? 적어도 이 정도 생각을 했을 법하다. 죽음의 관념 안에서는, 일체의 다른 서술어가 의심스럽게 남는 가운데, 다음과 같은 관념이 분석적으로 이해된다. 발화할 수 없음, 말할 수 없음, 현재형으로 '나'라고 말할 수 없음. 그렇다. 점으로서의 나, 유일한 지시 대상에 대해 그러듯 자신에 대한 지시를 순간 속에 점철하는 나, 요컨대 산 자의 핵심을 규정하는 자기 촉발적 지시référence auto-affective가 불가능한 것이다. 따라서 그 점point으로부터 환유로, 다시 말해 푼크툼의 환유적 힘으로 되

> 읽을 것'인 이 텍스트를 나중에 읽으면서 데리다는 불현듯 자신의 이름이 그 자리에 호명됨을 확인했을 것이다. '나는 죽었다'라는 문장 분석의 결론에 다다르기 전에 바르트는 또 다른 해석 역시 가능하리라 쓰면서 데리다의 고찰을 예로 들기 때문이다(*OC* IV, p. 436). 데리다는 『목소리와 현상』 세번째 제사로 발데마르의 이 언표를 인용하고 본문에서 이에 관해 성찰한 바 있다(*La Voix et le phénomène*, pp. 60~61).

돌아올 것. 환유적 힘이 없다면 푼크툼 자체가 존재할 수 없지 않을까… 친구가 죽음을 맞을 때 그를 향하는 슬픔의 심장부에는 아마도 이 같은 요점이 있을 것이다. 그는 그처럼 여럿인 하나의 죽음une mort aussi nombreuse을 말하고 종종 은유나 환유에 의거해 '나는 죽었다'라고 말할 수는 있었다 해도, 결코 문자 그대로à la lettre '나는 죽었다'라고 말할 수는 없었으리라. 행여 그랬다면 아마 그는 재차 환유에 굴복한 것이었으리라. 그런데 환유는 실수도 거짓도 아니다. 환유는 허위를 말하지 않는다. 게다가 문자 그대로의 푼크툼이란 어쩌면 존재하지 않을 것이다. 모든 언표 행위를 가능하게 하지만 어느 모로나 고통을 줄이지는 않는 그것, 푼크툼은. 게다가 심지어 그것은 고통의, 그러니까 비-점적im-ponctuelle이며 한계를 지을 수 없는 고통의 원천이기까지 하다. 만약 내가 **문자로 되돌아오며** *revenant à la lettre*[53] 글을 쓰는 것이라면, 그러면서 다른 언어로의 옮김을 시도하는 것이라면… (이 모든 질문은 또한 번역과 전이의 문제이기도 하다.)

●

'나'는 '나는 죽었다'라는 **언표**가 결코 가닿을 수 없는 자의 대

---

53 또한 '문자 그대로 되돌아오며,' 심지어 '문자 그대로 유령으로서' 등 한꺼번에 여러 방식으로 읽힐 수 있다.

명사pronom 내지 이름prénom 또는 대여명prête-nom일까? '나는 죽었다'는 문자적 언표이고, 당연히, 또 만약 가능하다면, 비환유적 언표인 걸까? 어쨌거나 과연 언표 행위에 이런 것이 가능하기는 할까?

●

그가 불가능하다고 한 '나는 죽었다'라는 언표 행위는 혹시 그가 다른 대목에서 유토피아적이라 부르며 불러오려 한 체제에 속하는 것 아닐까? 또 이렇게 말할 수 있다면, 그 유토피아는 하나의 환유가 이미 나를 스스로와의 관계 속에 작동시키는 바로 그 장소에 놓이는 것 아닐까, 나가 다른 무엇도 아닌, 오로지 지금 여기에 현전하여présentement 말하는 자만을 지시할 때의 바로 그 장소에. 어쩌면 일종의 나라는 문장이 존재하며, 그 생략문의 시간이 환유적 대체에 길을 열어주는지도 모른다. 스스로에게 시간을 주기se donner le temps,[54] 이 문제를 살피려면 이쯤에서 푼크툼으로서 **시간과 푼크툼의 환유**적 힘을 암묵적으로 연결하는 『밝은 방』의 관련 대목으로 되돌아와야 하리라…

54   주58 참조.

●

"나는 무엇을 해야 하는가?" 『밝은 방』에서 그는 "시민적 예의의 가치valeur civile"를 "도덕적 가치" 위에 놓는 그녀에게 동의하는 듯하다.[55] 『롤랑 바르트가 쓴 롤랑 바르트』에서 그는 도덕성moralité을 "도덕의 정반대(그것은 언어가 된 몸의 생각이다)"로 이해해야 한다고 말한다.

●

시간의 통사와 임박성의 범주라 할 어떤 것(미래로부터 동터 오는pointe 것, 막 도래하려는sur le point d'arriver 것)이 '나는 죽었다'의 가능과 불가능 사이에 존재한다. 죽음의 임박성이 나타나되, 그것은 나타나면서도 줄곧 스스로를 더 이상 나타내지 않으려는 지점에 있다. 이렇듯 죽음은 '나는 죽었다'라는

55 『밝은 방』 2부 27의 말미에서 바르트는 어머니의 온실 사진을 바라보며 어린 그녀의 '나타내지 않는 나타남'을 관찰한다. 소녀는 사진을 찍지 않겠다는 거부가 "태 부리는 행동"으로 비칠 것을 염려해 사진 촬영에 응하고, 렌즈 앞에 서는 시련을 신중한 태도로 이겨냈는데, 그 같은 조심성에도 역시 연극적인 태도라고는 들어 있지 않다. 어머니는 자신의 '이미지'와 다투며 스스로의 모습을 가정하고 포즈를 잡는 일이 없었으니, "그녀는 늘 도덕적 가치를 그보다 더 상위의 가치인 시민적 예의의 가치로 바꿀 줄 알았기 때문이다."(*La Chambre claire*, p. 105)

환유적 웅변과 더 이상 아무런 말도 남기지 않으면서(달랑 점 하나, 그게 다) 절대적 침묵 속으로 데리고 가는 순간, 그 둘 사이에 유지된다. 점적인 개별성(나는 점적이라는 단어를 형용사로 사용하는 동시에 일종의 동사로, 즉 한 문장의 여전히 지속 가능한 통사로도 이해한다). 그것이 제 임박성의 자리에서 자료체를 퍼뜨린다. 『밝은 방』에서 그것은 귀환하는 유령들로 점점 더 빽빽이 들어차는 농밀한 "공기air"를 호흡하게 한다. 이에 대해 말하기 위해 나는 그가 쓴 단어들을 차용해본다. "발산" "황홀" "광기" "마술."

●

이는 숙명적이고 또 공정하면서도 부당한 사실이니, 가장 '자전적인' 책들은(내 말은, 최후의 책들이란 뜻이다) 다른 책들을 극도로à la mort 은닉함으로써 시작한다. 게다가 그 책들은 죽음에서à la mort 시작한다.[56] 나 자신부터 그 움직임에 굴복

56 데리다는 특유의 방식대로 술은 농일한 단어나 표현의 반복이 논의 맥락에 일으키는 미세한 차이, 간극과 낙차를 활용해 생각을 전개하고 있다. 'à la mort'라는 표현에서 작동하는 중의적 움직임(주28 참조)과 관련해 이어 인용되는 제목 '롤랑 바르트가 쓴 롤랑 바르트'는 시사적이다. 한편으로 이름은 그 이름으로 불리는 이의 죽음을 앞서 내포하고('죽도록'), 다른 한편으로 하나의 육체corps가 자료체corpus, 즉 그가 쓴 책들의 몸으로 전환되고 확산됨을 드러낸다("그 책들은 죽음에서 시작한다").

롤랑 바르트의 죽음들

하니, 이제 나는 『롤랑 바르트가 쓴 롤랑 바르트』, 결국 예전엔 내가 읽을 줄 몰랐던 이 책을 떠날 수 없으리라. 사진과 철자 사이에 있는, 내가 그것들에 대해 말하거나 그것들로부터 출발하거나, 그것들을 향해 다가가야 했을 그 모든 텍스트들을… 아니면, 앞선 단상들에서 부지불식간에 그렇게 했으려나? 가령 다음 제목들[57] 아래에서 즉시, 거의 우연처럼. '그의 목소리'("어조는 늘 이미 지나가고 그친 것으로서의 목소리다" "목소리는 언제나 이미 죽어 있다"), '복수형, 차이, 길항' '유토피아는 무엇에 소용되는가' '서체 모방'("나는 고전적으로 쓴다"), '단상들의 원' '환상으로서의 단상' '단상에서 일기로' '중지: 기념송들'("전기소biographème는 꾸며낸factice 기념송, 다시 말해 내가 사랑하는 작가에게서 빌려온 것에 불과하다"), '거창한 단어들의 무기력함'(예를 들어 **"역사"**나 **"자연"**), '지나가는 몸들' '예측 가능한 담론'(예컨대 "죽은 자들을 위한 성구, 즉 신도송의 내용처럼 단 한 단어도 바꿀 수 없는 것"), '정신분석학에 대해' '좋아한다, 좋아하지 않는다'(나는 '좋아하지 않는다' 리스트의 끝에서 두번째 행에서 그가 어떻게 "나는 〔…〕 충실성을 좋아하지 않는다"라고 쓸 수 있었는지 이해해보려 애쓴다. 그가 충실성을 좋아한다는 말 역시 한 적이 있고, 또 그 단어를 선물할faire présent de ce mot[58] 수도

---

57 이어지는 인용은 『롤랑 바르트가 쓴 롤랑 바르트』의 단상들에 바르트가 붙인 제목들이다.

있었다는 사실을 아니까. 내 가정은 이렇다. 속단하면서도 내놓고 '나는 좋아한다, 좋아하지 않는다'라고 말하는 어투, 양태, 억양, 모종의 방식이 있고, 이때 충실성 속에 너무도 쉽게 차오르는 어떤 종류의 파토스를 그는 좋아하지 않는다. 특히나 충실성에 대한 즉각적인 말과 담론을. 그러면 그는 진력을 내고, 음울해지고, 미적지근하게 싱거워지고, 금지하는 자, 불충한 이가 되고 만다). 그 밖에 또 있다. '옷 선택에 관해서' '좀 더 나중에'…

●

대위법적 이론이거나 상처들의 행렬이거나. 아마도 상처는

58 '…을 선물하다'라는 관용적 표현은 'présent'의 두 뜻 때문에 '현전하게 하다'로 해석할 수도 있다(데리다는 앞에서도 이 표현을 두 차례 응용했다). 다만 증여don와 선물/현전présent이 양립하는 건 아니다. 1978~79년 데리다는 파리 고등사범학교ENS에서 '주다―시간의 문제Donner-le temps'라는 주제로 세미나를 이끌었다(관련서로는 *Donner le temps* I, II, Paris: Galilée, 1991, 2021 참소). 이 세미나는 증여와 선물/현전 사이에 존재하는 아포리아(교환이 순환할 때 증여는 무효화되는 듯한데, 순수하게 '준다'는 행위는 오로지 사라지기 위해서만, 즉 그 보답으로 돌아올 때 사라짐으로써만 현전이 될 수 있기 때문이다)에서 출발해, 반복의 주제와 맞물려 시간의 문제로 확장된다. '시간을 주다'라는 주제에는 프랑스어 '있다il y a'에 해당하는 독일어 표현 'es gibt'의 말 그대로의 뜻 '그것이 준다'에 착안한 하이데거의 선행 연구가 반영되어 있다.

개별성이 서명된 점의 장소에, 개별성의 순간 자체의 장소(점 stigmê)에, 그 뾰족한 끝에 올 것이다. 그러나 동일한 상처의 편에서 보자면, 그러한 사건의 장소에서*au lieu de cet événement*[59] 자리place는 거기서 반복되는 대체에 내맡겨지며, 대체 불가능한 것에 관해서는 오로지 이미 지나간 욕망만을 간직할 따름이다.

●

내가 언제 처음으로 그의 이름을 읽거나 들었는지, 이후 어떻게 그가 내게 유일한 사람이 되었는지 여전히 기억해낼 수 없다. 그러나 기념송은 언제나 지나치게 일찍 중단되고 말면서도, 매번 다시 시작하겠다고 다짐한다. 기념송은 오기를 멈추지 않는다.

---

59 중의적인 이 구절은 직역대로 '그 사건의 장소에서'를 의미하는 동시에, 대리를 나타내는 관용구 'au lieu de …'(… 대신에)에 의해 '그 사건을 대신해'라는 뜻 역시 가질 수 있다. 그 자체로 이 글의 핵심인 환유의 대리보충적 작동을 드러내는 표현. 데리다의 독법대로라면 이 환유적 움직임에 의해 스스로에게 시간을 주는 푼크툼의 작동 방식 내지 스투디움/푼크툼 쌍의 구성 원리가, 바르트 글쓰기의 대위법적 음악 구성이, 나아가 '기억할 수 없음' 속에 죽은 친구와 나누는 무한한 대화의 약속으로서 애도(의 애도)가 허락될 것이다.

옮긴이 해제
B/D

우연이라 할 것이 두 텍스트 「강의」와 「롤랑 바르트의 죽음들」을 한자리에 묶게 했다. '롤랑 바르트'가 둘의 연결 고리이지 애초에 두 저자가 이 같은 목적으로 공저한 2부작 형태의 원본은 없다는 뜻이다. 한 텍스트는 바깥에서 왔다. 다른 텍스트는, 그것 역시 바깥에서 왔다. 하나는 살아 있는 바르트의 강연을 문서화한 기록이다. 우린 그것을 읽지 않고 목소리로 들을 수 있다. 1965년경 젊은 크리스테바를 매료시킨 음성,[1] 제도권 너머에서 도착해 1977년의 청중 앞에 울려 퍼진 육성, 모종의 곡조(air, 'R')와 결grain. 텍스트를 앞에 두는 지금 다시 불려오는 목소리다. 다른 하나는 더 이상 생생한 목소리와 육체로 현전하지 않는 바르트, 죽은 바르트가 전제되어야 비로소 그에게 건넬 수 있는 말이다. 조건상 시간의 절대적 이격과 단절에 의해서만 발생하는 남은 자의 글이다. 그러므로 이 번역 기획은 본질적으로 함께 수행될 수 없는 두 텍스트를 다소 난폭한 방식으로 나란히 누인다. 동렬에 배치된 두 개의 아카이브. 마치, 두 개의 묘. 먼저 온 것(바르트)에 나중에 온 것(데리다)이 곁들며 저자에 다른 각도의 빛을 드리울 때, 그 새로운 양상을 감지하느라 서성이는 독서, 생산적 편류로서의 독서가 도출되기를 기대한다.

1   Julia Kristeva, "La voix de Barthes," in *Communications* 36, 1982, pp. 119~23.

†

첫 텍스트 「강의」는 1977년 1월 7일, 바르트가 콜레주드프랑스의 문학기호학 교수직에 취임하면서 발표한 개강 연설문이다.[2] 1530년 프랑수아 1세에 의해 설립됐으며 "Docet omnia"(모든 것을 가르친다)의 기치 아래 대학 바깥에서 탁월한 교육을 실시해온 곳. 이 유서 깊은 고등교육기관의 강단에 서는 일은 학자에게 최상의 영예라 소개되곤 한다. 잠깐만. 1977년 그날 그곳에 갓 부임한 교수도 이 견해에 동의할까? 위의 치사는 분명 틀리지 않지만, 제도 바깥임을 자부하는 장소 안에서 자라는 특권, 어김없이 "스스로의 권력이라는 숙명에 사로잡"히는 강단의 생리를 간과한다. 권력의 이용이 간과되자 즉시 자기 창작물의 공식 파기를 감행한 파솔리니 곁에 설 자, 대大체계와 '위대한 관습'에 고개 젓는 이에 준하여 고쳐 서술해보자. 콜레주드프랑스는 일체의 권력으로부터 자유롭다는 스스로의 위치에 대해, 즉 제도-바깥이라는 미명

2 이듬해 쇠유 출판사에서 출간한 단행본에서는 연설 앞머리가 일부 삭제된다. 필리프 르베롤, 알기르다스 그레마스 등 그간 도움을 준 스승과 동료, 1962년부터 1978년까지 재직한 파리 고등연구실습원에 건네는 감사 인사가 그에 해당한다. 앞서 1977년 1월 10일 자 『르몽드』지에 이 강연문이 발췌 게재될 때는 '예술가로서 기호학자의 초상Portrait du sémiologue en artiste'이라는 제목이 붙여졌다.

하에 이미 제가 거머쥐었거나 거머쥐게 될 제도적 특권에 대해 의심을 멈추지 않을 때, 그 고집스러운 흔들림의 운동에 의해 학문의 유토피아 자격을 확보하는 곳으로 재정의될 수 있다. 이날의 신임 교수가 명예라는 "권력의 찌꺼기"(「강의」, p. 15)를 물리며 그 용어의 과분함을 스승과 동료, 친구와 학생을 만나는 겸손한 '기쁨'으로 바꿔 수용하려는 이유 또한 그 맥락과 궤를 같이할 터다.

『바르트 전집』(전 5권)을 책임 편집한 에릭 마르티에 의하면, 바르트는 1975년 『롤랑 바르트가 쓴 롤랑 바르트』를 내면서 '대가'의 반열에 오른다.[3] 우리의 두번째 텍스트에서 데리다가 바르트 스스로 자신의 죽음에 대해 쓴 책이라 지목할 저서. 데리다의 흥미로운 지적이 아니더라도, 일반적인 선에서 이 책은 바르트의 도정이 막 다다른 지점과 궁극의 지향점을 시사하고 콜레주드프랑스에서 그가 개시할 실천의 요체를 가늠하게 해준다. 이 책과 발맞춰 무르익은 바르트의 학문적, 아니, 문학적 현재는 이렇게 요약할 수 있겠다. 점점 강화되는 단장 형식과 산재적 구성(여기에 손수 그린 데생을 포함, 각종 이미지와 기호가 다채롭게 동원돼 시니피앙스[4]의

3 Éric Marty, "Présentation," in Roland Barthes, *OC* IV, p. 19.
4 『텍스트의 즐거움 *Le Plaisir du texte*』(1973)에서 바르트는 크리스테바가 고안한 이 개념을 자기답게 "감각적으로 생산되는 한에 있어서의 의미"(*OC* IV, p. 257. 강조는 바르트의 것)라 요약한다. 상상계/상징계/실재계를 나눈 라캉의 이론을

옮긴이 해제 145

생성을 한층 풍요롭게 한다) 그리고 자서전적 경향. 시종 미세한 흐트러짐 속에, 다시 말해 체계와 보편에 대항해 개별성을, 종합에 대해 편린과 분산을, 독사doxa에 맞서 패러독스를 추구하며 기호들의 유희에 투신하는 가운데, 지식의 새로운 사용과 허구적(예술적) 생산을 구별 없이 모색하는 글쓰기.[5] 대단히 현대적이되 몽테뉴의『에세』가 함유한 정신과 태도를 구현한[6] '나'의 방법론,[7] '나'라는 창작. 콜레주드프랑스

> 비판적으로 수용한 크리스테바는『시적 언어의 혁명La Révolution du langage poétique』(1974)에서 '상징계'와 '기호계le sémiotique' 두 개념을 대비시켰다. 사회규범, 그 규범으로 질서화된 언어, 아버지의 이름, 주체의 형성 등과 관련되는 상징계에 대해 기호계는 상징계가 억압하는 언어적 측면, 주체가 사회화되기 전 모성과의 원초적 관계에서 경험하는 비언어적 영역, 무의식, 리비도, 발화하는 몸의 움직임과 에너지에 관계된다. 시니피앙스는 상징계의 질서에 기호계의 역동성이 끊임없이 가해지면서(상징적이고 기호적인 배치의 이종적 분절) 생산되는 의미화 과정이다. 그 과정에서 주체는 고정된 의미와 동일자의 재현 질서를 넘어 기호계의 충동에 의해 동요되고 재구성되는 '과정 중의 주체'로 거듭난다.

5 『롤랑 바르트가 쓴 롤랑 바르트』앞표지 안쪽 면에 자필 형태로 명시된 지침을 재차 환기하자. "이 모든 것은 소설의 한 등장인물에 의해 말해지는 것으로 간주되어야 한다."

6 바르트에게 헌정된 1977년 6월 스리지라살의 컬로퀴엄('계기: 롤랑 바르트Prétexte: Roland Barthes')에서 주최자 앙투안 콩파뇽의 논점. 몽테뉴가 바르트에게 끼친 영향.

7 '방법론'은 '문화'와 반대된다. 방법론이 "배치dispatching," 경계와 조각들 사이의 비틀거림이라면 문화는 "조련dressage"이기에. 들뢰즈의 개념을 참고한 1977년 1월 12일의 강의(Roland Barthes,

취임 연설은 이러한 움직임이 내포하는 의의, 바르트 자신에게 이 시도가 현재의 귀결점이자 미래의 시작점으로 요청되는 까닭을 통사通史적으로 조감하며, 청중 앞에 몸소 그 동선의 윤곽을 작성해 보인 자리로도 여겨진다. 한 차례 더 시연되는 '롤랑 바르트가 쓴 롤랑 바르트.' 강의에서 바르트는 문학이 지닌 힘의 갈래들("마테시스, 미메시스, 세미오시스," p. 25)을 간추리고, 언어와 권력의 문제가 20세기 프랑스 지식사회를 강타한 주요 쟁점임을 뒷받침하듯 언어라는 권력의 비공개 법정을 속이는 유익한 속임수가 문학(허구의 놀이)이라 상정할 것이다. 우리는 말하는 주체를 숨기는 일반 기호학의 메타언어 및 실증과학적 속성에 반反해 '기호 지향'(p. 47)을 제안하는 바르트, 기호들의 정경에 스스로의 욕망과 상상을 기꺼이 표출하고 덧대는 기호학자-예술가(같은 곳) 바르트를 참관한다. 이날의 청중에게, 또 지금의 우리에게 바르트는 상상적인 것에의 내맡김으로부터 발원하는 '자신만의' 기호학 내력을, 무엇보다 그 내력의 폐허 위에 우거질 문학-기호학의 미래를 제시한다. 콜레주드프랑스의 눈길을 끈 바르트는 한 학문의 '역사'와 '자연'을 답습하는 대신 현장과 미래의 개척을 담당할 바르트였을 것이다.

그러나 그와 다른 각도에서, 또 앞서 열거한 특질들로

Comment vivre ensemble, texte établi, annoté et présenté par Claude Coste, Paris: Seuil/Imec, 2002, pp. 33~34)에서.

인해, 교수직 선출이 결정된 1976년 3월 14일 무렵의 바르트는 그와 경쟁한 기호학자 클로드 브레몽Claude Bremond(1929~2021)보다 논란의 여지가 큰 후보이기도 했다. 혁신파와 '귀족주의자들' 사이의 의견 차이야 그렇다 쳐도, 프랑스 교육 현장에서 예외적인 경로를 밟아 "축성된 이단자"라는 점에서 바르트와 공통분모를 가지는 부르디외가 바르트의 지적 시도에 몹시 적대적이었다는 사실은 사정의 미묘함을 반영한다.[8] 고전문학과 수사학, 문헌학 공부에서 시작해 언어학, 기호학, 사회학, 정신분석학, 철학 등 동시대를 대표하는 각종 이론을 섭렵하면서도 엄정한 과학에 귀의하기보다 떨어져 나오는 바르트,[9] 소위 메타이론이 구축되어야 할 연구의 장에 제 욕망의 그래프를 그려 넣는 그의 글쓰기, 체계의 보편성, 학문의 엄숙성, 인간 사회에서 자연이 된 것들에 살

---

[8] 이 일화에 관해서는 Lucy O'Meara, *Roland Barthes at the Collège de France*, Liverpool: Liverpool University Press, 2012, pp. 27~28 참조. "축성된 이단자들hérétiques consacrés"은 부르디외가 연구서 *Homo academicus*, Paris: Minuit, 1984의 한 장에서 다룬 테마. 대학 권역에서의 세력은 미미하나 그 너머에서의 영향력은 어마어마한 지식인들.

[9] 그 자신의 단어를 차용하면 '랩소디'(어원적으로는 『오디세이아』나 『일리아스』에서 떼어낸 조각들)적으로 지식을 활용하는 바르트. 그는 구조주의와 형식주의 이론에 경사됐던 초기 전력도 이동의 일환으로 설명한다. 즉 문학 연구가 인상주의에 치우쳐 있다 판단될 때 그 건너편, 과학의 영역으로 가기. 반대로 과학이 과도하게 우세해지면 그것을 버리고 다른 쪽으로 이동하기.

짝 흠집을 낼 때 생겨나는 효과를 '즐거움'[10]이라 긍정하는 바르트의 '스타일'은 대중이나 학생, 현장 지식인의 편에서 호응을 끌어내는 것 못지않게, 묵직한 고증과 엄밀한 해석, 집대성의 원리를 주축으로 하는 제도 비평계와 대학 강단에서 곧잘 의구심과 비판을 부추겼을 뿐만 아니라[11] 그의 업적이 특유의 날렵하고 미려한 문장 감각을 무기 삼은 한때 유행이나 인기에 그치리라는 질투 어린 비난 또한 자주 마주쳐야 했다. 그렇다면 그가 첫 강의의 들머리에서 질문의 형태로 정곡을 짚듯, 문제의 최전선에 놓이는 것은 억압 없는 유토피아적 교육 터전에, 모두가 당연시하는 '신화'적 체제 안에 나

10 바르트에게서 '즐거움'은 일반적으로 쓰이는 뜻에 더해 다음의 의미로 변주될 수 있다. 자동적인 판단(그러므로 진정한 판단이라 할 수 없는 판단)과 독사, 모든 거대 담론(정치, 도덕, 정신분석⋯)을 중지하는 것(에포케). 중성의 다른 명칭. 지나치게 강력하며 팔루스적인 '주이상스'를 적절히 절제시킨 형태(그렇기에 두 개념 사이의 대립을 슬쩍 비켜나는 형태). 즐거움은 단순한 안락감과 거리가 멀다. 그것은 동일자를 재현하려는 제반 도덕의 정반대, '도덕성'과 관련이 있다. 『롤랑 바르트가 쓴 롤랑 바르트』의 저자는 자신의 마지막 사이클을 '도덕성'의 지표 아래 분류하면서(니체와의 상호 텍스트성) 거기 드는 작품이 『텍스트의 즐거움』과 『롤랑 바르트가 쓴 롤랑 바르트』라 밝힌다(*OC* V, p. 179 참조).

11 대표적으로 1965년, 소르본 대학교 교수 레몽 피카르가 이 '엄밀하지 않은' '아마추어' 비평가의 『라신에 관하여』(1963)를 겨냥해 「새로운 비평인가 새로운 사기인가Nouvelle critique ou nouvelle imposture」를 발표하면서 불붙은 신비평 논쟁.

땅한 자격증 없이 입성이 승인된 '에세이만 쓰는 이,' 모호한 자, 불순하고 불확실한 주체다. 어느 장소, 어떤 체계 내에서든 늘 미묘히 '흔들리는' 주체가 조성하는 물음표의 작고 부드러운 저항력이 문제고 초점이다. 유토피아적 교육기관과 권력 바깥의 교수는 그 질문을 공유하리라. 사실의 차원에서 이 모호한 주체의 출발은 문제를 일으키고 질문을 구성한다. 당위의 차원에서 그의 출발은 제기된 질문의 방향을 돌리고, 그 돌려진 지평에 돋는 "상속자 부재로 〔…〕 자유로워진 풍경"(p. 49)에서 이전엔 들리지 않던 답을 캐려 들리라. 제도 권력 안에서 비-권력적인 방식으로, 모든 종류의 대립을 무화하는 '중성neutre'의 형상들에 기대서, 부단한 이동의 제스처를 통해 권력들("내 이름은 **군대다**")을 따돌리고 스스로의 권력화를 미연에 방지하면서 말이다. 스스로의 작음으로써 권력들 근저의 공고함에 균열을 내는 고독하며[12] '불확실한 주체의 탐색'(이 말로 실천의 동작주와 탐구의 대상 둘 다를 아우르자)은 1980년까지 바르트가 콜레주드프랑스에서 진행할 세 강의 '어떻게 함께 살 것인가'(1976~77, 강의 및 세미나), '중성Le neutre'(1978), '소설의 준비La préparation du roman'(1978~79, 1979~80)를 통해 유기적으로 구체화된다.

「강의」에서 가장 유명한 구절 중 하나는 당시에 상당히

12 『사랑의 단상』 머리말에서, 사랑에 빠진 말의 주체가 "오늘날 지극히 고독한" 것과 여일하게.

물의를 빚은 선언, 언어는 말하도록 강제한다는 점에서 근본적으로 파시스트적이라는 바르트의 명제일 것이다. 앞서 거론한 대로 언어와 권력이 불가분의 공생 관계를 맺고 거기서 행사되는 억압이 인간을 빚고 지배한다는 생각, 인간에게 언어 바깥은 없으리라는 생각은 바르트 한 사람만의 것이 아니다. 20세기 프랑스, 특히 68혁명을 전후한 사유의 지형도에서 괄목할 만한 성과들이 이 문제의식에서 움튼 이상, 지식인들은 서로의 성찰을 교환하며 저마다 억압으로부터의 탈출 가능성을 타진한 셈이다. 이런 정황에서 바르트 강의의 초점은 자연스럽게 언어의 해방 공간을 어떻게 창안할 것인가라는 화두에 모아진다. 실천 면에서 같은 쟁점은 이렇게 환언할 수도 있다. 담론의 주체, 언술의 주어인 "나"를 어떻게 기존 체계 안에서의 "나"와 달리 발화할 것인가. 말하는 종이요 사회적 동물인 인간의 공동체에서, 문학 이론의 구축 장에서, 저명한 교수가 발화하는 담론이 절대적 권위를 지니는 강의실에서. 이상적인, 더 그다운 어휘를 쓰자면 '환상적인' 세미나의 공간이 무엇인지에 대해 1974년의 바르트는 이렇게 구상했었다. "오이디푸스적이지 않고 푸리에적인, 따라서 어떤 의미에서 공상적인romanesque 공간."[13] 이 대목에 이른 바르트는 샤를 푸리에가 꿈꾼 공동체를 수식하는 '로마네스크'에

13　"Au séminaire," *L'Arc*, in *OC* IV, p. 503.

서 허위나 감상의 측면을 배제한 후('소설적인' '비현실적인'의 뜻을 가지므로) 그 단어를 "오로지 미묘한 욕망들, 유동적인 욕망들이 순환하는 공간," 사회성이라는 인공물 자체의 불투명성이 기적적으로 "약화되는" 가운데 "사랑의 관계들"이 서로 얽힐 공간을 이르는 어휘로 사용한다.[14] 콜레주드프랑스의 개강 연설은 이 유토피아적 공간 내지 유토피아를 향한 움직임을 사람들이 이미 알고 대기하는 "죽은 아버지"의 장소에서 벗어나 살아 있는 자신의 환상 쪽으로 향하는 아들의 모습에 투영한다. 강의실에서 다만 권력을 좌절시킨다는 목표 아래 오로지 오가야 할 말과 청취의 양상은, 중심에 자리하는 어머니로 인해 환히 충만한 놀이의 동심원에서 그녀 곁을 오가며 노는 어린이의 형상과 포개어진다. 프로이트의 '포르트-다'와 달리 어머니의 결여가 없는, 그 상징적 보완이 불필요한, 아버지의 부재로 오이디푸스의 생산 또한 생략되는, 상징계의 억압 너머로 사랑하는 환상의 작용이 한껏 날개를 펴며 권력의 이항대립을 즐거이 무효화하는 공간-제스처. 강연의 말은 그 환상에 방점을 찍으며 절정을 맞는다. 그러면 권위 있는 교수는 어디로 가나? 그보다, 교수는 무엇으로 변모하나? 기존에 쌓은 지식을 전부 잊는, 그러고서 자기 앞에 닥치는 모르는 시간을 맞이하는 무지한 선생이 청중 앞에 서 있

14 같은 곳. 바르트는 인용문 가운데의 "약화되는"에 조건법을 썼다. 그럴 수 있기를 '환상하는' 바르트.

다. 영예로운 첫날 강의를 마무리하는 문구는 새로 태어나는 스승이 향후 잠꼬대할 바를 절묘하게 예고한다. 가르침 아닌 가르침, 권력의 없음과 약간의 앎과 최대한의 맛으로 직조되는 어떤 것. 무리 가운데 혼자 있는 말soliloque, 즐거움이나 도덕성의 체현과 다름없는 말들이 과학과 몽상을 나누지 않으면서, 그러나 그 모두를 살뜰히 도우면서 부단히 이동하는 꿈의 강단을 설립하리라. 기호학자-예술가가 '나'를 바탕으로 이행되는 글쓰기, 쓰는 이의 정동과 파토스(공포, 연민⋯), 몸의 효과로 요동치는 소설의 준비[15]를 강조할 때 그것을 퇴행적 행보라 판단해서는 안 되리라. 되풀이하자면 이는 담론 주체 '나'의 다른 사용법을, 주어의 신생을, 보편 체계로 환원되지 않는 한 육체의 발굴을 도모하는 작업과 관계되며,[16] 결과

15   바르트가 매진하는 최종 기획, 이 '소설'의 성격에 대해서는 가령 1978년 10월 19일 콜레주드프랑스에서 열린 바르트의 강연 '오랫동안 나는 일찍 잠자리에 들었다'("Longtemps je me suis couché de bonne heure," in *OC* V, pp. 459~70)를 참조할 것. 이 강연문이 품은 흥미로운 단서들은 마르티를 위시한 여러 연구자들에게 준비의 실물, 그러니까 바르트의 '소설'에 상응하는 것이 최후의 작품 『밝은 빙』이라는 결론에 노달하게 하기도 한다.

16   『롤랑 바르트가 쓴 롤랑 바르트』 중 '『텔켈』' 항목에서(*OC* IV, p. 747) 바르트는 왜 자신은 『텔켈』의 다른 친구들처럼 공동의 일반 언어, 즉 정치적 언어를 말하지 못하는지 자문한 뒤 아마도 "내가 그들과 똑같은 육체를 갖고 있지 않기 때문"이리라 답변한다. 이어 육체는 일반성에 익숙해질 수 없는 '환원 불가능한 차이'라 덧붙인다. 그에 의하면 육체는 모든 구조화의 원칙이기도 하다. 이때 구조화는 '구조의 **유일성**l'Unique de la structure'을 의미한다.

옮긴이 해제

적으로 이 실천이 휩싸이려는 시간의 성격은 '시대착오' 말고 니체적 의미에서의 '반시대성intempestif'으로 이해되어 마땅하기 때문이다. 신앙의 기사나 초인처럼 언어 바깥으로 완전히 나갈 수 없는 만큼 반대로 욕망의 개별성과 다수성에 따라 무수히 분지하고 움직이는 말들의 공간을 꿈꿀 때, 그의 첫 책 말미에 떠오르는 단어 '유토피아'는 생의 마지막에 이르러서도 변함없이, 더욱 간절하게 불린다. '마치' 그것이 가능한 것처럼. 줄곧 아직 오지 않은 것과 바야흐로 오는 것의 경계적 위상을 유지하며 준비로만 짜이는 시간, 계획으로만 채워지는 글쓰기. 도래하지 않음으로써 무한히 도래하는 약속의 임박성만을 목전에 두고 뒤편을 돌아보지 않으면 어떨까? 공허의 표명을 견디는 이 오르페우스[17]적 시점과 시간 안에서 최고로 유토피아적인 생산, 곧 '작품 없는 작가'의 수행이 탁마된다. 1977년에서 1980년까지 콜레주드프랑스에서 바르트의 '강의'를 수강한 청중은 기실 그 수행의 현장에 가담한 이들이다.

단테가 자신의 『신생』을 도모할 때, 1300년 서른다섯 살이 되

---

[17] "작가와 오르페우스, 이 둘 모두에게는 동일한 금지가 가해진다. 자신이 사랑하는 것을 돌아보지 말 것. 그 금지가 그들로 하여금 노래하게 한다."(Roland Barthes, "Préface," *Essais critiques*, in *OC* II, p. 279)

어 그 '절정의 나이'를 기화로 저승 기행을 시작할 때, 그의 발걸음은 바르트-오르페우스를 인도하는 한편 죽음의 영감을 선사한다. 절정의 나이란 죽음을 지각하는 나이.[18] 사랑하는 누군가가 죽을 것임을,[19] 스스로가 죽을 것임을 아는 나이. 자신의 필멸성을 납득하고 저 기이한 언표 행위 '나는 죽었다'가 표지하는 불가능성과 가능성을 추산하는 나이. '새 삶'의 환상은 제 발치 깊숙이 들어와 있는 죽음의 역광으로 빛나고, 그것에 비추어 재탄생을 준비하는 목소리, 글쓰기의 고유한 궤적은 1980년 3월 26일, 마침내 끊긴다.

†

그 끊김이 두번째 텍스트 「롤랑 바르트의 죽음들」을 데려온다. 데리다가 바르트의 죽음에 임해, 더는 세상에 없는 친구

18 관련해서는 "Longtemps je me suis couché de bonne heure," in *OC* V, pp. 465~67의 성찰을 참조할 것.
19 1977년 바르트는 『사랑의 단상』을 출간해 대중적 성공을 거두고, 콜레주드프랑스 교수로 첫 강의를 시작하며, 여름철 스리지라살의 컬로퀴엄에 발표 주제로 선정되는 영예를 누린다. 모두 좋은 일들이다. 그러나 10월 25일, 그에게 다시없는 존재인 모친 앙리에트 뱅제가 사망한다. 콜레주드프랑스 개강일에 바르트가 손을 잡고 입장한 '그의 어머니.' 취임이라는 공식 행사에 내밀한 감정의 밀도가 부여되니, 「강의」는 사랑하는 대상의 예비된 죽음 앞에서 그 꺼져가는 현전에 바쳐진 말이기도 하다.

의 돌이킬 수 없는 죽음을 향해 건넨 이 애도의 글은 그가 공적으로 발표한 동일 장르의 텍스트 중 첫번째 것이다. 이를 필두로 데리다는 2004년 10월 9일 타계 전까지(우리는 모두 살아남은 자, 잠정적으로 남겨진 자다) 20년 넘는 시간 동안 친구들이 작고할 때마다 다양한 형식(기고문, 추도사, 부고에 대한 답신 등)으로 16편의 작별 인사를 쓰게 된다. 차례대로 롤랑 바르트, 폴 드 만, 미셸 푸코, 막스 로로, 장-마리 브누아, 루이 알튀세르, 에드몽 자베스, 조지프 N. 리들, 미셸 세르비에르, 루이 마랭, 사라 코프만, 질 들뢰즈, 에마뉘엘 레비나스, 장-프랑수아 리오타르, 맨 마지막으로 블랑쇼까지. 바르트의 죽음에 부친 최초의 애도문이 이어지는 조사들의 원형이라 봐도 될까. 원형이란 표현은 정확하지 않다. 미국에서 먼저 출간된 『애도 작업』[20]의 원론적인 제명보다 뒤이어 파리에서 나온 프랑스어판의 제목 '매번 유일한, 세계의 끝'이 우정과 죽음, 애도의 문제에 대한 데리다 사유의 핵심을 집약하는바,

20   1996년 10월 7일 시카고 드폴 대학교에서 개최된 학회가 해당 도서의 발단이다. 당시 데리다의 애도와 정치성의 문제를 중심으로 학회를 주도한 미/프 출신 교수 마이클 나스와 파스칼-안 브로는 출간을 기획하고 그동안 발표된 데리다의 애도문을 모아 번역하는 데 더해, 빼어난 해설「죽은 자들을 헤아리기: 자크 데리다와 애도의 정치To Reckon with the Dead: Jacques Derrida's Politics of Mourning/Compter avec les morts. Jacques Derrida et la politique du deuil」를 서문으로 작성했다. 시기상 이 영문판에는 2003년 블랑쇼를 위해 쓴 글은 수록되지 않았다.

데리다에게는 한 친구가 죽을 때마다, 그들 각자가 전적으로 유일하며 대체 불가한 타자들이라는 점에서 매번 '세계 전체'가 끝난다. 16번의 '처음'이 방금 죽은 친구에 대해 말해야만 하는 슬픔과 고통, 말할 수 없는 것을 말하는 행위에 대한 깊은 윤리적 고민을 매번, 처음으로 데리다에게 안겼다고 해야 하는 것이다. "마치 무한한 한 전체의 종말이 여전히 **반복 가능한** 것처럼."[21] 바르트를 위한 애도문의 제목이 지명하는 사례 '죽음들'은 이 유일한 세계의 끝남이 반복될 가능성, 그것이 향후의 반복 속으로 퍼져나갈 가능성을 고지한다고 서술하는 편이 차라리 적절하겠다.

프랑스어판에만 수록돼 있는 데리다의 서언 역시 사유의 기본 전제와 골간을 파악하는 데 중요한 단서를 마련한다. 여기서 데리다는 다음 사항을 분명히 한다. 친구의 죽음과 더불어 유일하며 무한한 전체로서의 세계, 곧 세계 **자체**가 불가역적으로 종말을 맞는다(세계의 끝남은 일체의 부활의 종결이며, 그의 육체는 기독교 신앙이 설파하는 식으로 되살아나지 않는다). '세계'가 뜻하는 바는 바로 그것이며 이 의미는 우리가 '죽음'이라 칭하는 것에 의해 주어진다. '신'을 믿는다는 말은 죽음이 세계 전체가 아니라 '하나의' 세계에 종지부를 찍을 수 있다고, 바꿔 말해 늘 하나 이상의 세계, 한 세계 이후에

---

21 Jacques Derrida, "Avant-propos," *Chaque fois unique, la fin du monde*, p. 9. 강조는 데리다의 것.

살아남는 또 다른 세계가 존재 가능하다고 믿는다는 말이다
(그것이 '신'의 의미다). 그러나 죽음은, 그러한 것이 존재한
다면, 유일하며 단독적인 세계, 유일하며 단독적인 것에 결코
대체나 존속의 여지를 내주지 않는다, 다름 아닌 그 점이 각각
의 생존자vivant를 유일하며 단독적인 생존자이도록 한다.[22]
데리다의 이 대목에서 주시할 바는 독자적이며 유일한 세계
를 가능케 하는 '필멸성'이 우정의 기반이고 조건이라는 점
이다. 『우정의 정치Politiques de l'amitié』(1994)에서 그가 환기
한 대로 필멸자가 아닌 신과의 사이에 필리아philia는 성립하
지 않거니와, 우정은 언제나 두 친구 중 누군가가 먼저 죽으리
라는 진실을 제 근본 조건으로 갖는다. 우정이 시작될 때, 타
자와의 관계가 배태될 때 그 근저에서 애도는 아직 발생하지
않았으면서도 벌써 가동 중이다. 하여 친구여, 친구는 없나
니.[23] 돈호법과 수신인 부재 확언이 병치된 구원한 죽음의 선
고. 친구의 없음을 부르고 고하는 이 문장의 수수께끼는 제 와
해와 빔의 골조에 모종의 책무를 불러들이는 듯하다. 그리고
『매번 유일한, 세계의 끝』 서언 결미에서 데리다가 '오래전부
터 자신을 떠나지 않는다'라고 고백하는 첼란의 시구 한 줄은

22 같은 책, p. 11.
23 아리스토텔레스가 했다고 전해지는 말. 고대 그리스어의 오역에서
    비롯했을 문장. 우정의 역사에서 몽테뉴, 니체, 블랑쇼, 레비나스,
    데리다 등에 의해 숱하게 인용돼온 기원 없는 문구다. 왜곡 전의
    문장은 평범하다. 친구가 많은 이에게 실제로는 친구가 없다는 뜻.

이 책무와 깊이 맺어져 있을 것이다. "Die Welt ist fort, ich muß dich tragen."[24] 세계는 떠나가고, 나는 너를 데려가야 한다. 기묘한 약속covenant이 남았다. 타자의 타자성은 타자의 없음에서 극대화된다. 타자의 윤리도. 데리다는 통상의 애도 작업이 수습하고 마는 어떤 것을 내려놓지 않으려 하게 될 것이다. 없는데 없음을 짊어지는 행위, 타자의 지워짐을 짊어지고 가야 한다는 당위로부터 남은 자의 어깨에 얹히는 불가능한 애도의 무게는 무한히 배가하리라. 순전한 없음을 향한 무한한 건넴, 친구 없이 끝난 세계의 언저리에서 소명으로 울리는 말. 캐리, 캐리 온.

첫번째 처음. 데리다는 이 일의 실행 불가함, 친구의 고유하며 전적인 죽음에 대해 말을 늘어놓는 행위의 견딜 수 없음을 먼저 토로한다(그는 앞으로도 번번이 그럴 터이다). 그런 다음 어쨌든 하나하나 헤아리고 측량한다. 애도 작업에 도사린 기만, 오류, 위험, 배반의 딜레마… 검은 돌, 검은 돌. 난점. 그가 판단하기에, 죽은 자에 대한 산 자의 배신을 피할 수는 없다. 죽은 자는 산 자의 편익을 위해 산 자의 것인 양 먹히고, 삼켜지고, 각자의 일방적인 기억으로 정리되고, 그럼으로써 한 번 더 죽는다. 그럼에도 결국 데리다는 침묵이나 거부를 선

---

24   "크고 타오르듯 빛나는 아치Grösse, Glühende Wölbung"로 시작하는 1967년 시의 끝 구절.

택하지 않고 애도의 글을 쓰는 편을 택한다. 그러지 않는다면 그가 애도의 다른 길을 더듬을 방편도, 친구를 향할 기회도 소멸되는 탓이리라. 유일한 것의 보편화를 결국 감행하지 않는다면 말이다. "달리 어떻게 말하겠는가, 그 위험을 감수하지 않고서. 유일한 것을 복수화하지 않고서, 그가 지닌 가장 대체 불가한 것, 즉 그 자신의 죽음까지도 일반화하지 않고서."(「롤랑 바르트의 죽음들」, p. 119) 데리다는 친구의 어법을 잠시 머금듯 '**문학**'이 매우 개별적이며 분명한 상처를 얌전하게 삼켜버리는 걸 저지하는 것이 관건이라고 적는다(p. 82). 한쪽의 배반 위험성으로 다른 한쪽의 배신 가능성을 쳐내리라는 것이 이 지점에서 그가 찾아내는 최소한의 방안이다. 신중한 헤아림이 발을 내딛고, 한 세계의 사라짐을 완전히 인정하는 가운데 애도의 일반 원리를 문제 삼아 애도문의 관성을 재점검하면서, 데리다는 부름에 다시는 육성으로 화답할 수 없는 이가 다른 방식으로 귀환해 말할 수 있도록 작업한다. 그는 여러 번 롤랑 바르트가 내 앞에서 또 내 안에서 나를 바라본다고 기술하고, 그러는 순간 형성되는 공간은 내외의 구분, 하나 대 둘, 전체와 부분의 상식적 포함 관계를 넘어설 것이다. 살아서든 죽어서든 친구는 절대 내게 복속된 적 없고 그래서도 안 되는 이, 내가 "친밀감 깊은 속에서 결국엔 […] 거의 알지 못하는"(p. 113) 사람이다. 제 고유성 속에서 그는 항상 나의 앎을 초과하는 비밀이다. 그러나 죽은 바르트는 이제 스스로를 표명할 수 없으며, 그의 이름은 그 주인의 고유한 육체를 향해 불리고 응답을 끌어내기를 관둔 채 그가 생전에 쓴 저서들의 지시사로 대체된다. 그로부터 환유[25]와 복수적인 죽음에 관한 데리다의 고찰이 잇단다. 데리다에게 이름은 물리적이며 "비변증법적인" 죽음에 앞서 죽음을 유발한다. 이름이 현전하는 육체corps에서 자료체corpus로, 저서에서 저서로, 서명에서 서명으로 미끄러지며 단수의 죽음을 이미 환유적인 '죽음들'로 복수화한다. 한 친구에 대한 개인적 추억, 내가 '내 것'으로 간직하는 그의 기억을 제외하면, 향후 우리를 떠나지 않고서 우리 앞에 오고 또 올 수 있는 친구의 말로는 그가 지은 책들이 유일하다. 친구의 소진 불가한 고유성은 죽음의 복수화와 확산 가능성, 책들의 인접과 연관을 통해서만 '돌아올' 뿐이다. 해서 데리다는 죽은 친구와의 추억을 감상적으로 술회하거나 치적을 치하하는 타성적 애도를 삼가고 그가 지은 책의 말들을 향해서 사려思慮한다. 유일한 세계의 전적인 종말을 짊어 데려가려는 실천은 죽은 자를 마음대로 재단하는 산 자의 전횡과 내면화의 식인 행위를 최대한 저지하고 친구의 말에 고유의 발언권을 돌려주려는 충실한 독서와 다르지 않다. 「롤랑 바르트의 죽음들」에서 그는 조심

25 로만 야콥슨의 『일반 언어학 이론』(1963)이 널리 전파한 개념. 언어 구성의 두 축에서 은유는 '선택'과 '유사성'의 원리(교체 관계)에, 환유는 '결합'과 '인접성'의 원리(연관 관계)에 기초한다.

스레 타진한다. 바르트는 내가 이렇게 말하도록 두는가. 데리다가 바르트의 사유를 받쳐 그 개별성의 유일함, 절대적 타자성을 살려내고자 할 때, 바르트의 말이 데리다의 사유에 실려 돌아올 때, 남은 자의 생각과 죽은 자의 인용이 대화처럼 교차할 때, 그 독법에서 우리는 어느 한편으로 포획되거나 기울지 않는 우정의 특질trait이 양편의 사유를 하나의 선trait으로 잇고 나누는 광경을 목도한다고 믿는다. 주지하다시피 인접과 결합의 원리로서 환유는 일부분으로 전체를 이르거나 하나를 다른 이름으로 나타낸다. 데리다는 이를 타자성을 훼손하지 않으면서 관계-없음의 관계에 각각의 절대적 유일성을 기입하는 환유의 역량이라 역설한다(p. 118). 이 역량이 자아내는 관계 도식, B/D 또는 B−D.

고로 "환유적인 힘은 가장 충실한 우정 속에서 작동한다."(p. 125) 고로 데리다는 바르트와 함께한 추억, 자신만이 기억할 그의 "모방할 수 없는 행동 방식"(p. 68)이 떠올라도 그 내밀한 에피소드를 게시하지 않는다. 바르트의 글과 사진, 글씨를 훑어보지만 그러는 와중의 심경을 우리에게 세세히 털어놓지 않는다. 롤랑 바르트는 "나를 '찌르는' 것의 이름, 혹은 여기서 내가 말하고자 서투르게 애쓰는 무언가를 '찌르는' 것의 이름"(p. 114)이 됐다. 다른 무엇으로 대리되거나 환치될 수 없는 푼크툼, 개별성의 점이. '대신' 데리다는 그때까지 읽지 않은 친구의 첫 책 『글쓰기의 영도』를 든다. 더욱 면밀히, 푼크툼과 스투디움의 개념이 등장하는 마지막 책 『밝은 방』을 편다. 자신이 예전엔 읽을 줄 몰랐으나 앞으로는 떠날 수 없을 책(p. 138), "자서전적 가속"(p. 104)하에 "고유어를 추모하며 시작되는 〔…〕 죽음의 사유"(같은 곳)라 판명되는 『롤랑 바르트가 쓴 롤랑 바르트』를 읽는다. 친구의 죽음을 기해 비로소 데리다는 그의 숨 가쁜 이동과 횡단을 "여행"으로 만든 동력이 첫 책부터, 그걸 펴자 "**소설**은 하나의 **죽음**이다"라고 친구가 말문을 여는데(그러자 남은 이는 순간 괄호에 묶이며 "극미한 죽음의 경험"을 하는데), 그 책에서부터 초지일관 집요하게 전개되는 '죽음의 사유'임을 깨닫는다. 친구가 '나는 죽었다'라 언표한다. 이 기이한 언표의 유령적 울림 안에서, 죽음의 궁륭 아래서 '그'는 '그'와 함께 움직일 것이다. 오르페우스적 하강이 진행되고, 데리다의 주의는 바르트의 글에 포진한 환유의 역량에 온통 집중된다. 그것에 사로잡힌다고 하는 편이 더 적합할지도 모른다. 일련의 대체가 일어나는 애도의 문턱에서 데리다는 그 대체의 힘이 친구, 이 '나보다 앞서 있는 타자'의 생각을 통해 사유되고 있음을, 그 확장력이 애도를 허하고 애도 내내 작동함을, 그것이 없음을 사려에 실어 데려가도록 하는 죽은 이의 선도임을, 요컨대 이 전 과정이 분지와 복수화를 향한 동행과 공조임을 지각한다. 한데, 바르트라는 환유 불가한 개별성의 점이 어떻게 환유의 작동에 가담하는가.

데리다의 정치한 독서, 바꿔 말해 씖이라 할 그의 애도 작업 덕분에 우리는 우리가 미처 알아채지 못한 바르트 사유의 세부 연관 원리를 분간하고 우리가 전에 못 들었던 바르트의 말, 바르트의 미묘한 '음정'들을 식별할 수 있다. 「롤랑 바르트의 죽음들」 첫머리에서 데리다가 음악 소리를 듣는 것은 의미심장하다. 이 청취는(반복하건대, 데리다는 바르트에 '대해' 논하거나 단정을 내리는 게 아니다) '음악가' 바르트를 따라가며 흔히 단순 대비 개념으로 약술되는 게 고작인 푼크툼과 스투디움의 대리보충적 관계를 가려듣고, 그것을 대위법, 또는 소나타형식의 제1, 2주제 운용, 공립과 타협, 운율과 리듬이라는 음악적 구성으로 이해한다. 누가 누구에게 주는 걸까, 정밀하게 빛나는 생각의 마디들은. com-position. B/D 또는 B−D에 의하면, 그 자체로는 끝나지 않는 비-점적 고통의 근원인 푼크툼, 정의상 약호 너머이자 외화면, 동일성의 절대적 타자인 푼크툼은 그 이질화와 비대칭화의 본성 때문에 저 아닌 영역, 스투디움의 장소(검토, 조사, 연구와 면학의 보편 장)로 침범할 수 있으며, 속하거나 기입되는 법 없이 그곳에 출몰한다. 푼크툼의 난입은 스투디움을 부숴 그 평탄성에 운율을 가한다. 그렇지 않다면, 데리다가 묻듯, 우리가 어떻게 알지도 못하는 바르트 어머니의 재현 불가한 환함을 수긍하며, 푼크툼이 스투디움을 파열시키는 순간 사진의 지시계 안에서 어린아이와 죽음이 하나로 결합하는 사건에 가슴이 엘 수 있겠는가? 우리가 문득 착상하듯, 그렇지 않다면 어떻게 1980년 9월 14일경 『밝은 방』을 읽은 데리다에서 1989년 1월부터 1990년 5월 4일 사이 자기 어머니의 임박한 죽음을 쓰는 데리다로,[26] 다시 이 모든 것을 읽는 우리 모두의 언젠가로, 같은 사건이 다름을 관통해 끊임없이 재발할 수 있겠는가. 데리다는 바르트를 받치고 좀더 나아간다. 푼크툼은 지시계의 환원 불가함을 부각하는 스스로의 본성에도 불구하고 환유와 복수화, 대체와 '시간'에 참여한다. 아예 환유를 초래한다. 영도, 잠재태. 데리다는 바르트의 첫 저작에 그 점의 역량이 지시되어 있음을 그의 마지막 책을 처음 읽으면서 알아본다. 그는 '나는 죽었다'라는 불가능한 언표 행위의 역설을 돌이키며 그것이 진정 친구가 언급한 '유토피아'의 체제에 속하는 것이 아닐지를 숙고한다. 유토피아란 "하나의 환유가 이미 나를 스스로와의 관계 속에 작동시키는 바로 그 장소"(p. 135), 점적이며 생략적인 문장 '나'의 자리에 놓이는 것이 아닐지를. 개별성의 점에 잠복된 힘이 동사를 불러 환유적 대체를 촉진하고 자료체를 퍼뜨릴 때, 이러한 가능태의 발현을 데리다는 '스스로에게 시간을 주기'라 칭한다. 이건 그 자신의

26 Jacques Derrida, "Circonfession," in Geoffrey Bennington & Jacques Derrida, *Jacques Derrida*, Paris: Seuil, 1991. 데리다가 명시한 이 텍스트의 집필 날짜는 p. 11을 참조할 것.

표현이다. 데리다는 의심을 품길, 나는 친구의 고유하며 단일한 죽음을 복수형으로 몰아감으로써 유일한 이에게 대항했는가? 1971년 『사드, 푸리에, 로욜라』에서 이런 구절을 쓴 바르트다. "내가 작가이고, 또 죽는다면, 내 생이 〔…〕 몇 가지의 세부로, 얼마간의 취향으로, 약간의 억양inflexions으로, 말하자면 '전기소'들로 축소되면 좋겠다."[27] 지극히 작은 점, 에피쿠로스적 원자에 대한 동경. 하지만 그 점은 "산포에 내맡겨지려는 미래의 몸," 분산하고 유동하는 가운데 모든 운명을 넘어 "작품을 통해 프루스트가 쓴 그 자신의 생"이 그랬듯 "구멍 뚫린 삶"으로 방사되고자 그토록 축소될 따름이다.

대체 불가하며 위치를 안표할 수 없는 개별성의 점이 동일성과 안정의 장 스투디움을 가격해 리듬을 부여하는 게 아니라면, 그것이 환유적 확산을 허락해 나눌 수 없는 것을 나누게 하는 결과를 낳지 않는다면 데리다의 애도는 가능하지도, 그 스스로가 보기에 정당하지도 않을 것이다. 우리에게 읽는다는 행위, 씀과 유령적 가담에 의해 듣고, 답하고, 모르면서 알고, 날짜에서 날짜로, 과거를 미래로 끊임없이 도로 불러오는 사건은 개진될 수 없을 것이다. 불가능성과 가능성 사이에서 이상한 죽음이 지탱되는 일도. 귀환하는 유령들로 붐비는 공간도. 우리 자신이 복수형의 '나'들과 우리 아닌 타자의 조

27   Roland Barthes, *Sade, Fourier, Loyola*, in *OC* III, p. 706. 연달은 세 인용구의 출처도 동일하다.

각들로 들끓는 일도. 흔적과 혼톨로지의 여파 속에 우리가 이렇듯 계속 죽은 이들을 데리고 가며 이로부터 새로운 시간이 분화하기를 탐하는 일도.

이 사태는 때로 생생한 정동을 동반한다. 데리다에서 바르트로 돌아가자. 반지를 만들듯 원환을 아물리자. 바르트가 살아서 완료한 최후의 글, 1980년 1월 21일의 텍스트 「피아노-추억」[28]은 그의 유년 기억의 뿌리인 피아노를 회상한다. 프랑스 남서부(바욘)의 빛과 유년은 이 악기 소리와 한 몸을 이루는데. 소년의 집에 보관된 낡은 악보와 교본에는 평생 독신으로 피아노를 가르친 고모(롤랑에게 피아노를 가르친 알리스 바르트)의 주석이 여기저기, 크고 반듯한 서체로 기입돼 있다. 백 년도 더 된 옛날, 어린 할머니가 아이의 연필 글씨체로 적어 둔 운지법이 여태 남아 있다. 피아노는 악기이고, 그러나 "환유적 풍성함"에 의거해 유년을 채우는 음정과 음계이고, 가족의 자취와 이야기가 악보에 시각적으로 녹아든 문학 텍스트이며, 각별한 몸의 감각이다. 바르트가 할머니의 운지법과 고모의 주석을 좇아 피아노 건반을 건드릴 때, 「강의」에서 "과거에 속한 몸들의 서정적 부활"(p. 52)이라 명명된 '현상'이 악기의 상아와 손끝 말랑한 살coussinet의 접촉으로부터, 움직이는 손가락의 생생한 신체적 감각으로 피어나리

---

28   Roland Barthes, "Piano-souvenir," in *OC* V, pp. 898~99.

라.[29] 아름다운 장면. 하긴, 바르트의 글은 언제나 아름답다.

†

나가는 말이 올 자리에 사사로운 덧말을 붙여도 될까.

데리다의 음영, 바르트의 무늬. 죽음에 의해 조건 지어지는 우정의 공동체에서 두 사람은 마주 보지 않는다고 상상하자. 그들은 저마다의 앞을 봄으로써, 오르페우스의 시선으로 상대방을 (돌아)보지 않음으로써 진정 함께 있다. 생몰 연도와 날짜들은 동시대나 한 세대의 지적 모둠을 드러내는 이상으로 이들 각자가 서로와 모두에 대해 지켰던 고유 리듬 idiorrythmie[30]을 입증한다. 틈과 비밀을 용인하는 이 공동체에는 슬며시 다른 날짜와 기억, 다른 목소리와 말이 끼어들 수 있다. 죽은 자들의 세계에는 언제나 한 사람이 더 어른거린다. 적어도 한 사람이 더. 애도가 한 벌 더. 우리는 이 작업의 계획과 과정에서 종종 또 다른 목소리를 듣고 또 다른 말을 경청

29 프랑수아 누델만은 이 텍스트를 읽으며 이렇게 부연한다. "그는 자신보다 앞선 이의 운지법 속에 자기 손가락을 둔다. 그러면서 다른 손의, 다른 손가락들의 과거를 되찾는다."(François Noudelmann, "Le doigté de Roland Barthes," in *Barthes et la musique*, dir. Claude Coste et Sylvie Douche, Rennes: Presses Universitiares de Rennes, 2018, pp. 59~60)

30 Roland Barthes, *Comment vivre ensemble*, p. 37. 그리스어 'idios'(고유한, 개별적인)와 'rhuthmos'(리듬)의 합성.

했다. 그러느라 일어난 일? 예컨대 우리는 「강의」의 번역 저본으로 마르티가 고증한 『바르트 전집』 제5권을 제치고 같은 출판사에서 단행본으로 나온 작은 책자를 고르게 된다. 전집에서는 얄따란 글 몇 쪽에 불과한 강연문은 우리 마음속에선 아득한 과거, 원서를 구하기 참으로 어렵던 시절에 얻은 연두색 표지의 조악한 복사본 형태를 고수한다. 우린 이걸 돌아가시기 직전의 선생님에게 배웠다. 무슨 정성인지 우리가 아직껏 간직하고 있는 그 낡은 교재에 책 주인인 선생님의 서명과 메모까지 복사된 바람에 우리는 선생님의 필치, 섬세한 서체를 잘 알며, 시나브로 (글) 쓰는 사람에게서 글씨체를 눈여겨보는 습관을 갖게 됐다. 우리는 선생님의 음성도 기억한다. 주석으로 점철된 이 번역서의 한 곳에는 그 음성이 불러주는 내용, 그리 말했다고 생각되는 사항을 삽입했다. 다른 곳에는 선생님의 글씨가 기록한 정보를 보탰다. 오늘날 검색해 봐도 오류 없는 정보다. 더는 넣지 않으려고 조심했다. 그 외에 많은 것들이 이와 비슷하게 번역을 방해하고 지원했다. 그러고 보면 번역도 어지간히 쐬는 일이다. 자꾸 다른 말, 다른 구절들을 초대하며 불어나는 모든 생각은 검게 인쇄된 본문의 여백에, 이를테면 은현잉크로 썼다.